LA FRANCE
DRAMATIQUE
AU DIX-NEUVIÈME SIÈCLE.

CHOIX DE PIÈCES MODERNES.

LES PONTONS.

DRAME EN CINQ ACTES.

PARIS.
C. TRESSE, ÉDITEUR,
ACQUÉREUR DES FONDS DE J.-N. BARBA ET V. BEZOU,
SEUL PROPRIÉTAIRE DE LA FRANCE DRAMATIQUE,
PALAIS-ROYAL, GALERIE DE CHARTRES, Nos 2 ET 3
Derrière le Théâtre-Français.

1849.

LES PONTONS,

DRAME EN CINQ ACTES,

PAR

MM. PROSPER DINAUX ET EUGÈNE SUE,

Représenté pour la première fois sur le théâtre de la Gaîté,
Le 23 octobre 1841.

DISTRIBUTION DE LA PIÈCE.

CHALUMEAU... MM.	DELAISTRE.
LUCIEN, jeune ouvrier armurier............................	DESHAYES.
LE COLONEL SIMON.......................................	JOSEPH.
LE GÉNÉRAL MORALFI, commandant de Paris.................	GOUGET.
BERNARDI...	SAINT-MAR.
CHARENÇON, cardeur de laine.............................	FRANCISQUE J^e.
RICHARD, contrebandier..................................	NEUVILLE.
LE MAJOR PRISDAL......................................	SURVILLE.
LE PÈRE MATHIEU, cabaretier.............................	CHARLET.
GIROMON, prisonnier.....................................	HIPOLYTE REY.
ORDONNO, cabaretier....................................	PRADIER.
PREMIER INCONNU.......................................	FOURNEL.
DEUXIÈME INCONNU.....................................	EUGÈNE.
UN LIEUTENANT..	EDOUARD.
PABLO, fils d'Ordonno................................ Mlle	ESTELLE.
JEANRON, sommelier............................... MM.	GUSTAVE.
UN PORTIER...	FOURNEL.
DANSEURS, BUVEURS....................................	FONBONNE, COSTE.
LA COMTESSE DE NORVAL........................... Mme	ABIT.
LA BARONNE DE MONTFORT........................ Mme	STÉPHANIE.

ACTE PREMIER.

Le théâtre représente le salon du Grand-Sauvage à la Villette. Au fond dans un enfoncement, l'orchestre; de chaque côté de l'orchestre, une porte-croisée; celle à gauche de l'acteur donnant sur le jardin, celle à droite sur la rue. Au quatrième plan, dans l'angle à droite, l'entrée de la cuisine; du côté opposé au même plan, une fenêtre murée, ayant seulement, à la hauteur de six pieds, deux carreaux ouvrans. A l'avant-scène, toujours à gauche, la porte d'une petite salle servant d'écurie; à droite, également à l'avant-scène, la porte d'une chambre. — Dans la devanture de l'orchestre doit être pratiquée une porte secrète s'ouvrant et se fermant vivement. — A gauche et à droite une table: sur celle de gauche, des piles d'assiettes, de serviettes, des bouteilles, du pain, etc., etc.

Au lever du rideau, un garçon couvre d'une nappe la table à droite, un autre range le pain et la vaisselle que deux autres garçons apportent. Mathieu entre, venant de la cuisine; il est suivi du sommelier qui dépose un panier de vin près de la table à gauche, et vient se placer à la droite de Mathieu.

SCÈNE I.

LE PÈRE MATHIEU, JEANRON, GARÇONS.

MATHIEU.

Allons, tout est en ordre ici maintenant, et à la rigueur cette salle pourra servir de cabinet particulier, si tous les autres sont remplis, comme la beauté du temps me le fait espérer... Écoutez, vous autres... (Les garçons approchent.) Rangez bien les tables dans les bosquets, que la salle de danse soit prête; alerte, pour toutes les pratiques; s'il nous arrive quelques militaires de la garde impériale, le plus grand respect, et pour eux, sommetier Jeanron, pas de vin baptisé... Voilà quatre heures, le monde va arriver, allez... (Les garçons sortent.) Jeanron, reste un instant.

JEANRON.

Qu'y a-t-il, not' maître?

MATHIEU.

Cette femme qui est venue hier soir coucher ici avec son enfant, l'as-tu vue ce matin?

JEANRON.

Non, not' maître; elle avait dit hier qu'elle avait tout ce qu'il lui fallait pour déjeuner, et qu'on n'avait qu'à l'avertir quand Richard-Passe-Partout serait venu.

MATHIEU.

Diable d'homme! il m'apporte régulièrement des nouvelles de mon pauvre fils, prisonnier sur les Pontons, et je suis bien obligé de faire ici ce qu'il veut.

JEANRON.

Le fait est que jamais on n'a envoyé dans une auberge une femme aussi conséquente que celle-là... elle est grande, grande... puis rebondie par derrière, sans compter que par devant... et son enfant... bel enfant, fameux enfant, gros et long... Après ça, vous me direz que sa mère a de quoi le nourrir.

MATHIEU.

Et depuis hier soir elle n'est pas descendue de sa chambre?

JEANRON.

Non, not' maître; et ce qu'il y a de plus étonnant : vous savez que ma chambre est à côté de la sienne? l'enfant pendant la nuit n'a pas crié une seule fois... gentil enfant, bien élevé... Mais la mère a ronflé... saperlote, quel creux!

MATHIEU.

Allons, Jeanron, tout cela ne nous regarde pas. Il y a du monde au jardin; va-t'en dire au chef d'apprêter deux tonneaux de salade, de mettre quatre veaux à la broche et de tuer cent lapins.

(*Jeanron sort par la porte qui conduit à la cuisine, et Richard-Passe-Partout entre par celle qui donne sur le jardin.*)

SCÈNE II.

MATHIEU, RICHARD.

RICHARD, entrant.

Cent lapins! au chat! au chat! au chat!

MATHIEU.

Te voilà donc encore une fois tout seul au Grand-Sauvage?

RICHARD.

Sauvage!... tu ne dis pas ça pour tes lapins, j'espère. Tout à l'heure je les regardais dans leur tonneau, il y en a un gros blanc qui m'a donné la patte. Voilà joliment long-temps qu'il vit celui-là, et pourtant on le tue tous les dimanches. Ton gâte-sauce vient avec son grand couteau, le prend par les oreilles, il crie comme un démon... (Pas le gâte-sauce, le lapin.) Tes pratiques disent : Pauvre bête! il disparaît dans la cuisine, puis à sa place, miaou! miaou! miaou! C'est ce qui fait qu'il a la vie si dure.

MATHIEU.

Et tu n'as pas encore pu sauver mon pauvre Parisien?

RICHARD.

Non, mon père Mathieu, pas encore! Écoutez donc! ce n'est pas facile : j'aborde bien à Sainte-Marie pour mon commerce...

MATHIEU.

Ne me parle pas de ton commerce, je ne veux pas savoir, je ne sais pas ce que c'est que ton commerce.

RICHARD.

Là! là! là! n'ayez pas peur... J'ai bien là-bas un associé... Ordonno, un aubergiste comme vous... mais impossible de lui parler de sauver un Français : il y a là, pour commandant des Pontons, un major Prisdal qui leur fait trop peur... Tout ce que j'ai pu faire, par lui, ça été de prendre des informations, parce qu'il va aux Pontons porter de l'eau pour les Français et du vin de Porto pour les gardiens. Il m'a appris que votre fils, le Parisien, est là à bord du *Saint-Jean*, prenant son mal en gaîté comme un véritable enfant de guinguette; il a trouvé là un vieux colonel qui est déjà aux Pontons depuis sept ans.

MATHIEU.

Le malheureux!

RICHARD.

Le Parisien s'est fait comme son domestique, sans gages bien entendu, comme son enfant, et ça l'amuse de servir ce pauvre homme qui est accablé par son malheur, et qui n'a que le Parisien pour le consoler... Eh bien! n'allez-vous pas pleurer!

MATHIEU.

Écoute donc, moi je n'avais que lui, il faisait déjà très bien la gibelotte!...

RICHARD.

J'avoue que là-bas il n'a pas occasion d'exercer ses dispositions, et je comprends les sentimens de famille. Donnez-moi des nouvelles de mon âne...

MATHIEU, montrant la porte latérale.

Il est là, dans l'écurie qui donne sur la ruelle.

RICHARD.

Chère bête!... Et mon enfant?

MATHIEU.

Comment, votre enfant?

RICHARD.

Oui, qui est venu hier avec ma femme!

MATHIEU.
Votre femme? Vous ne m'aviez pas dit que vous étiez marié.
RICHARD.
C'était un secret! mais depuis deux ans j'ai perdu le droit de mettre des fleurs d'oranger sur mon corbillard.
MATHIEU.
Je n'en reviens pas, ce gros...
RICHARD.
C'est mon fils, que je vous dis... un enfant superbe... huit mois, il marche tout seul, imite le cri des oiseaux et fait le tambour-major.
MATHIEU.
Ah! ça, à chacun de vos voyages, vous avez toujours quelque nouvelle comme ça à m'apprendre. Je n'ai pas besoin de vos confidences... elles peuvent être dangereuses vos confidences... j'ai bien assez de tout le remue-ménage que vous me faites. J'avais là, à côté de notre salle de danse d'hiver, un petit boudoir pour les dames que leur dîner incommodait, vous en avez fait une écurie pour votre âne. A votre avant-dernier voyage, vous vous êtes enfermé ici deux jours de suite, et vous avez farfouillé je ne sais quoi sous mon orchestre; enfin, si vous ne m'apportiez pas des nouvelles de mon pauvre Parisien, je n'aurais pas le courage de vous recevoir ici, j'aurais trop peur de me compromettre.
RICHARD.
Ne pensez plus à cela, et prenez mon cadeau.
(Il lui remet deux paquets enveloppés dans du papier.)
MATHIEU.
Une livre de sucre... et du café sans chicorée, c'est ça qui est rare maintenant.
RICHARD.
Rare comme les marchandises anglaises.
MATHIEU, d'un air fin.
Il y a pourtant des contrebandiers...
RICHARD, d'un air de bonhomie.
Est-ce que c'est possible avec tous les mouchards que la douane et l'octroi mettent à leurs trousses?... puis enfin, c'est dénaturé. Puisque le grand Napoléon a dans l'idée qu'on se passe de confitures et de bas de coton, ventredicu! qu'on s'en passe!

SCÈNE III.

Les Mêmes, LUCIEN. Il entre par la porte donnant sur le jardin.

LUCIEN.
Dites donc, père Mathieu?
RICHARD, bas, au père Mathieu.
Je croyais que vous ne laissiez pas entrer ici?
MATHIEU.
Que me voulez-vous?

LUCIEN.
Est-ce que vous ne pourriez pas nous faire mettre ici une table de trois couverts?
MATHIEU.
On vous donnera un cabinet.
LUCIEN.
Un cabinet... ah! vous serez plus malin que moi si vous en trouvez un, tout est plein.
MATHIEU, gaîment.
Tout est plein! allons la journée sera bonne... Eh bien! on vous mettra le couvert ici.
(Lucien va aux tables, prend celle de droite, et, aidé de Mathieu, il la place en travers, toujours à la droite de l'acteur, puis il marque trois places en mettant des chaises autour; pendant ce temps Richard dit bas à Mathieu.)
RICHARD, bas.
Eh! mais vous oubliez qu'il faut que je m'en aille; dites-lui qu'on ne pourra se servir que dans une demi-heure.
MATHIEU.
Dites donc, mon jeune homme, tout notre monde est trop occupé maintenant, ce ne sera prêt que dans une demi-heure; vous pouvez aller dans le jardin en attendant.
LUCIEN.
Volontiers, je vais rejoindre mon camarade Charençon qui m'attend là-bas; seulement, si un sergent de la garde impériale, nommé Chalumeau, venait demander l'ouvrier Lucien, vous lui diriez que nous dînerons ici... et que je vais revenir avec son neveu.
MATHIEU.
Très bien! mon jeune homme.
(Pendant cette scène on a vu deux personnages entrer par la porte du jardin, examiner de loin Richard, traverser la scène et entrer dans la cuisine. Lucien sort.)
RICHARD.
Tiens, tiens, il est pas mal faraud, l'ouvrier... bonne mine tout de même... Ah! ça, pensons à nos affaires.
(Les deux personnages qui ont rôdé autour de la porte, entrent en regardant partout avec précaution.)

SCÈNE IV.

MATHIEU, RICHARD, DEUX INCONNUS.

(Les deux inconnus sortent de la cuisine, et l'un se dirige vers Richard, l'autre vers Mathieu qui a reconduit Lucien jusqu'à la porte du jardin.)

MATHIEU, bas, à Richard.
Encore du monde!
LE PREMIER INCONNU, à Richard.
Monsieur, votre serviteur.

RICHARD.
Je vous salue, monsieur, vous voulez?...
DEUXIÈME INCONNU, au père Mathieu.
Monsieur, vous n'avez pas vu une femme?...
MATHIEU.
Non.
PREMIER INCONNU, à Richard qui se détourne à mesure qu'il s'aperçoit qu'on l'examine.
Une dame avec un chapeau à plumes rouges.
RICHARD.
Pas vu.
DEUXIÈME INCONNU, au père Mathieu.
Avec un châle orange.
MATHIEU.
Je n'en ai pas d'idée.
PREMIER INCONNU, à Richard.
Et une robe bleue.
RICHARD.
Connais pas.
DEUXIÈME INCONNU, au père Mathieu.
Et une garniture verte à dents de loup.
MATHIEU.
Elle n'est pas passée par ici.
PREMIER INCONNU, à Richard.
C'est ma femme, monsieur, que j'ai perdue.
RICHARD.
Monsieur, j'en suis bien fâché.
DEUXIÈME INCONNU, au père Mathieu.
Elle donnait le bras à un carabinier de la garde.
MATHIEU.
Diable !
PREMIER INCONNU, à Richard.
Un superbe homme de cinq pieds dix pouces.
RICHARD, impatienté.
Je n'ai rien vu, je n'ai rien vu, je n'ai rien vu.
PREMIER INCONNU, bas au deuxième.
C'est lui !
DEUXIÈME INCONNU.
Pardon, monsieur, nous allons la chercher à la salle de danse. (Ils sortent par le jardin.)
RICHARD.
Que le diable emporte le vieux corbeau ! il avait une rage de me regarder entre les deux yeux. Père Mathieu, allez vite dire à ma chère moitié de venir ici avec mon mioche; donnez-moi la clé de l'écurie, et qu'ils se dépêchent, je suis pressé de vous laisser la salle libre.
MATHIEU.
J'y vais... voilà la clé.
(Il entre dans la chambre à droite.)

SCÈNE V.

RICHARD, un instant seul, puis la fausse Mme RICHARD, et ensuite LES DEUX INCONNUS et SOLDATS de l'octroi.

RICHARD.
Ces diables d'hommes, s'ils n'avaient pas eu l'air si bête, ils m'auraient fait peur. C'est égal, il me semble qu'il ne fait pas bon ici... (Il va pour ouvrir la porte de l'écurie ; en se retournant il aperçoit sa prétendue femme tenant un enfant dans ses bras.) Arrive donc, vieux Pas-Pressé ; viens enfourcher l'âne et en route. (Il la mène vers l'écurie dont la porte s'ouvre ; le premier inconnu en sort.)
PREMIER INCONNU, saisissant Richard.
Je vous arrête !
(Au même instant, deux douaniers entrent par la cuisine ainsi que deux soldats. Deux autres soldats entrent, amenés par le deuxième inconnu, par la porte du jardin. Toutes les issues sont gardées, les douaniers viennent se placer près de Richard et de sa prétendue femme.)
RICHARD.
Comment, vous m'arrêtez !
PREMIER INCONNU.
Comme un insigne contrebandier.
RICHARD.
Vous vous trompez, messieurs, fouillez-moi...
DEUXIÈME INCONNU.
Oh ! toi, tu n'as rien ; mais emparez-vous de cette femme.
RICHARD.
Ma vertueuse épouse !... Respectez le sexe !... ma mignonnette !
PREMIER INCONNU.
Relevez un peu le nez, la belle. (Il écarte les barbes de son bonnet.)* Ah ! c'est monsieur qui est ta vertueuse épouse ?
RICHARD.
Que voulez-vous, elle est un peu forte.
DEUXIÈME INCONNU, à un douanier.
Prenez l'enfant, vous. (On veut prendre l'enfant.)
RICHARD.
Croquignolle... (Se débattant.) Laissez-moi voler à ma fille... Soldats d'Hérode, prenez garde ! Croquignolle est si délicate.
DEUXIÈME INCONNU.
Nous allons voir ça. En attendant, amenez l'âne, vous autres. (Deux douaniers entrent dans l'écurie.)
RICHARD, se débattant.
Vous n'aurez pas mon enfant !
DEUXIÈME INCONNU, la retenant.
J'aurai au moins les pieds. (Dans le débat le corps de l'enfant se sépare en deux et il tombe des dentelles.) Que dites-vous de ça, l'homme ?
RICHARD.
Sa malheureuse mère étant grosse, aura eu une envie de dentelles.
PREMIER INCONNU, à la fausse Mme Richard.
Allons, à votre tour, la belle, rendez-nous tout ce que vous avez dans le corps.
(Il commence à la déshabiller et retire deux pains de sucre de son estomac.)

* Un douanier, la femme, le premier inconnu, le deuxième inconnu, Richard.

UN DOUANIER.

Voici l'âne. (Il l'amène par la bride.)

RICHARD.

Barbares, épargnez Pascaro! Pascaro est innocent!

PREMIER INCONNU.

Éventrez Pascaro!... la première peau s'entend. (Les douaniers ouvrent le faux ventre de Pascaro, il s'en échappe des marchandises prohibées. Pendant ce temps Lucien et Charençon se sont présentés à la porte du fond, un des douaniers va à eux, ils semblent en discussion.)

LE DOUANIER les pousse en disant :

Entrez donc; mais vous ne sortirez plus.

SCÈNE VI.

LES MÊMES, LUCIEN, CHARENÇON.

LUCIEN.

Que se passe-t-il donc ici?

PREMIER INCONNU.

Un contrebandier pris en flagrant-délit.

LUCIEN, à mi-voix.

Pauvre diable!

CHARENÇON.

Dis donc, allons-nous-en, nous dînerons plus tard; j'aime mieux avoir plus faim et ne pas nous compromettre.

LUCIEN, sans écouter Charençon, à Richard qui paraît atterré.

Diable! ruiné et en prison!

RICHARD, bas.

Ni l'un ni l'autre, si vous voulez m'aider.

LUCIEN, bas.

De tout mon cœur; mais les portes son gardées.

RICHARD, bas.

Laissez-moi faire... Ça vous est égal que je vous pousse?

LUCIEN, bas.

Si ça vous arrange, je veux bien.

RICHARD, bas.

Mettez vous là, je prends ma belle. (Il pousse vigoureusement Lucien sur Charençon occupé à regarder un douanier qui scrute les appas de la fausse Mme Richard. Le couple, poussé par Charençon, va heurter le premier inconnu baissé pour ramasser à terre les marchandises. Pendant que tout le monde se récrie et se ramasse, Richard bat un entrechat en disant :) Ils n'ont que la broutille. (Et par une trappe anglaise, il entre sous l'orchestre.)

PREMIER INCONNU.

Où est-il?

CHARENÇON, se relevant.

Mais je ne suis pour rien ici.

DEUXIÈME INCONNU.

Ne le laissez pas échapper.

PREMIER INCONNU, aux soldats et aux douaniers.

Est-il passé par-là?

LE DOUANIER, à la porte de l'écurie.

Non.

DEUXIÈME INCONNU.

Par le jardin?

LE SOLDAT, à la porte du jardin.

Je n'ai rien vu.

PREMIER INCONNU.

Par la cuisine?

LE SOLDAT.

Non.

LUCIEN, riant, à part.

Ma foi, je ne sais pas plus qu'eux quelle route il a prise. (Montrant la fenêtre haute ouverte. Haut.) Il ne peut être sorti que par-là.

PREMIER INCONNU.

Mais la fenêtre est à six pieds de haut.

LUCIEN.

Ces gens-là sautent comme des chats.

DEUXIÈME INCONNU.

Ce que dit ce jeune homme est plein de raison.

PREMIER INCONNU.

Ramassez toutes les marchandises, emmenez l'âne en fourrière et courons à sa poursuite. (On ramasse les marchandises, les douaniers prennent l'âne, les soldats saisissent la prétendue femme, tout le monde sort par l'écurie.)

SCÈNE VII.

LUCIEN, CHARENÇON.

LUCIEN, les regardant partir.

Que le ciel le sauve et bon voyage aux rats de cave!

CHARENÇON.

Tais-toi donc! J'avais une peur terrible que ce monsieur se fâchât de ce qu'on m'avait poussé sur son dos.

LUCIEN.

Tu seras donc toujours poltron, Charençon?

CHARENÇON.

Je serai poltron, Charençon et cardeur de laine jusqu'à la fin de mes jours... Écoute donc, pour être cardeur de laine je n'ai pas besoin d'avoir du courage. Ce n'est pas comme toi... tu es ouvrier armurier, et pour manier des armes à feu, faut être brave!

LUCIEN.

Brave! ah! oui, je l'aurais été si j'avais pu être soldat; mais ma pauvre mère... toujours malade... qui la nourrirait... Ah! soldat! soldat! comprends-tu... arriver par son courage!... devenir officier, colonel comme tant d'autres!

CHARENÇON.

C'est-à-dire que tu voudrais être soldat seulement pour passer colonel? Pas dégoûté! C'est comme moi, au lieu de carder la laine des autres, je voudrais carder ma propre laine. Mais c'est donné à un très petit nombre d'individus dans la nature de carder leur propre laine.

SCÈNE VIII.

Les mêmes, MATHIEU faisant entrer du jardin BERNARDI et LA COMTESSE DE NERVAL avec LA BARONNE DE MONFORT, toutes deux habillées en grisettes.

MATHIEU.

Entrez, par ici, monsieur et mesdames, il n'y a personne, tout le monde est parti. (A part.) Comment diable s'est sauvé Richard-Passe-Partout?

BERNARDI.

Qu'est-ce que vous dites donc? voilà deux personnes.

MATHIEU.

Dites donc, mes amis, voilà deux dames qui ont besoin d'être un instant seules...

CHARENÇON.

Avec monsieur? (Montrant Bernardi.)

LUCIEN.

Tais-toi donc, Charençon. Nous nous retirons, mesdemoiselles. (A Charençon, bas en s'en allant.) Diable! elles sont bien jolies!

CHARENÇON.

Laisse-moi la brune, je te lâche la blonde.

(Ils sortent par le jardin.)

SCÈNE IX.

BERNARDI, LA COMTESSE DE NERVAL, LA BARONNE DE MONTFORT, MATHIEU.

MATHIEU, examinant les localités.

Est-ce que c'est possible qu'il ait passé par la fenêtre? (Il sort.)

LA COMTESSE, après qu'elle a vu sortir Lucien et Charençon.

Ah! respirons un moment.

BERNARDI.

Avouez, madame la comtesse, que ce déguisement est délicieux! cette petite partie a un air Louis XV tout à fait adorable!

LA COMTESSE.

En vérité, nous sommes folles!... mais dans cette foule du jardin de danse, à chaque instant j'avais peur d'être reconnue.

LA BARONNE.

Tu avoueras qu'il est impossible que nous rencontrions ici quelqu'un de notre société.

LA COMTESSE.

Savez-vous que tout à l'heure j'ai eu un moment de crainte sérieuse, quand ce sombre silence a succédé à leur joie bruyante, qu'ils murmuraient tout bas en jetant autour d'eux des regards qui n'avaient rien de rassurant. Que s'était-il donc passé?

BERNARDI, à mi-voix.

Au moment où vous m'avez serré le bras?

LA COMTESSE, sévèrement.

De peur seulement, monsieur.

BERNARDI, à part.

Même en satisfaisant tous ses caprices, je n'obtiens rien de cette femme.

LA BARONNE.

Mais répondez donc, monsieur Bernardi, qu'y avait-il?

BERNARDI.

Je n'ai entendu que quelques mots entrecoupés; il paraît qu'on a saisi le trésor d'un contrebandier qui fait entrer dans Paris des marchandises anglaises; on parlait d'un traître qui sous un prétexte se serait introduit près de lui et l'aurait dénoncé; c'est ce traître que leurs regards peu bienveillans cherchaient partout.

LA COMTESSE.

Je commence à craindre que nous n'ayons fait une folie!

LA BARONNE.

Que tu as été la première à proposer.

BERNARDI.

Eh! mon Dieu! quoi de plus innocent? On vient à causer par hasard des amusemens du peuple, on se demande quelle est la différence entre la gaîté des cabarets et la gaîté des salons, comment ces gens-là sont entre eux.... Je vous propose une chose bien simple... je vous dis : Votre mari, le comte de Nerval, est de service au château, prenez une robe et un petit bonnet de grisette... madame la baronne de Montfort, votre cousine, vous accompagne, et je vous offre mon bras pour assister incognito à une de ces fêtes populaires, qui nous amuseront peut-être plus que les insipides ballets de l'Opéra.

LA COMTESSE.

J'ai été assez faible pour vous écouter, et maintenant...

BERNARDI.

Que pouvez-vous craindre. Pour plus de précaution, hier j'ai été trouver le duc d'Otrante, le ministre de la police... je lui ai confié notre dessein.

LA COMTESSE.

Qu'avez-vous fait?... si mon frère, le général Moralli, qui commande la place de Paris, venait à savoir...

BERNARDI.

Rassurez-vous, j'ai tu au ministre le nom des personnes que j'accompagnais.

LA BARONNE.
Voyons, remets-toi.
LA COMTESSE.
Mon Dieu! que vous m'avez fait peur! Tu connais, toi, Julie, le caractère irritable de mon frère... Moralfi ne sait pas pardonner lorsqu'il s'agit de l'honneur de son nom et de sa famille.
BERNARDI.
Soyez tranquille, le général n'aura pas occasion de se souvenir qu'il est Corse. (Mathieu rentre.)
LA BARONNE.
Eh bien! le ministre...
BERNARDI.
Quoiqu'en ce moment la police soit à la recherche d'émigrés rentrés secrètement en France avec des desseins sinistres, il m'a promis que plusieurs de ses gens seraient autour de nous, ne nous perdraient pas de vue et nous protégeraient, si, contre toute attente, nous avions besoin de secours.
LA COMTESSE.
Jusqu'à présent je n'ai besoin que de me rafraîchir. (Apercevant le père Mathieu au fond.) Ah! cet homme est toujours là... Notre hôte, vous ne pourriez pas nous faire donner des glaces?
MATHIEU.
Si fait, madame... pour rajuster votre toilette... (D'un air malin.) Cela arrive quelquefois ici... j'ai là-haut deux petit miroirs de douze sur neuf.
LA BARONNE, riant avec ses amis.
Ce n'est pas cela, mon brave homme; donnez-nous seulement une groseille.
MATHIEU.
Ah! pour ça, madame, la saison est passée.
BERNARDI, riant.
Donnez-nous quelque chose à boire.
MATHIEU.
A douze, à quinze... nous en avons aussi à vingt.
BERNARDI.
Donnez-nous à vingt.
MATHIEU.
Trois bouteilles?
BERNARDI.
Je crois qu'une seule suffira.
MATHIEU, à part, en s'en allant.
Ils n'en prennent pas beaucoup.
(Il entre dans la cuisine. On se dirige vers la table retenue par Lucien.)
LA COMTESSE.
Nous voilà, j'espère, en plein dans notre rôle.
LA BARONNE.
Il ne te manquerait plus que de faire quelque conquête.
LA COMTESSE.
Tu m'y fais penser, tout à l'heure le plus petit de ces deux hommes te regardait d'un air...
LA BARONNE.
Crois-tu donc qu'on n'ait pas vu les regards du plus grand s'attacher sur toi?... c'est qu'il avait tout à fait bonne mine...

SCÈNE X.

Les Mêmes, MATHIEU, rentrant de l'intérieur et conduisant CHALUMEAU.

MATHIEU.
Par ici, monsieur le sergent. Vos amis sont déjà venus et doivent vous retrouver ici ; j'ai dit de les avertir dans le jardin. (Posant la bouteille et trois verres sur la table.) Monsieur et ces dames sont servis.
BERNARDI.
Allons, mesdemoiselles, à table.
LA COMTESSE.
Il n'y a pas d'eau.
MATHIEU.
De l'eau? (A part.) Ça fait plus de frou frou que ça n'a d'épicaillons. (Haut.) On va chercher de l'eau.
LA COMTESSE, à mi-voix.
Voilà un militaire qui a l'air d'attendre, nous allons avoir des voisins.

(Mathieu apporte une carafe et sort.)

SCÈNE XI.

Les Mêmes, LUCIEN, CHARENÇON.*

CHARENÇON.
Ah! vous voilà, mon oncle Chalumeau.
LUCIEN.
Bonjour, monsieur Chalumeau.
CHALUMEAU.
Bonjour, mes enfans.
CHARENÇON.
Comme vous venez tard, mon oncle Chalumeau!
CHALUMEAU.
Ah! dam! c'est que ce matin j'ai passé la revue du petit Caporal en personne; nous avons causé ensemble, je l'ai invité à dîner et ça m'a retenu.
LA COMTESSE, à mi-voix.
Oh! écoutons, écoutons donc!
LUCIEN.
L'empereur vous a parlé?
CHARENÇON.
Vous l'avez invité à dîner, mon oncle Chalumeau?
CHALUMEAU.
Ça vous étonne... D'abord, il me parle dans tous les bulletins de la grande armée... Quand il

* Bernardi, la Comtesse, la Baronne, à table, Charençon, Chalumeau, Lucien.

dit : « Braves soldats ! vous avez vaincu l'ennemi ! » je prends ça pour moi, et c'est comme s'il disait : « Brave Chalumeau ! vous avez vaincu l'ennemi ! »

CHARENÇON.

Comme ça, il vous parle en général.

CHALUMEAU.

En général ou en caporal, animal, ça m'est égal. Une autre fois, en Égypte, il m'a dit : « Du haut de ces Pyramides quarante siècles te contemplent, Chalumeau ! »

LUCIEN.

Mais aujourd'hui, aujourd'hui ?

CHALUMEAU.

Aujourd'hui, quand il a passé devant mon rang, j'ai présenté les armes en sous-officier ; il s'est arrêté, et m'a dit : « Eh bien ! mon vieux Chalumeau, la soupe de l'ordinaire est-elle bonne ?... — Viens la goûter à la caserne, ça fera plaisir à tes grognards. — Ça va, qu'il me dit en me pinçant l'oreille gauche, j'accepte, j'irai demain manger votre soupe, mes enfans, mais qu'elle soit bonne ! (Avec explosion.) — Mille millions de tonnerres !... le bouillon sera soigné... quand je devrais mettre mon escouade bouillir dans la marmite et moi avec. »

LUCIEN.

Et on ne se ferait pas tuer pour lui !... si grand et si bon !

LA COMTESSE, à mi-voix.

Comme ils aiment l'empereur !

CHALUMEAU.

Quand il a eu dit qu'il viendrait dîner avec nous, c'est-à-dire qu'on n'a pas crié ; non, on aurait entendu une mouche voler ; mais nous nous sommes regardés les uns les autres... et tenez, sacrebleu ! nous avons fait comme je fais encore !

(Il essuie une larme.)

LUCIEN.

Oh ! je le crois bien.

LA COMTESSE, à mi-voix.

Les braves gens !

CHARENÇON.

Voyez-vous, mon oncle Chalumeau, ces choses-là et puis la peur de tomber à la conscription dans quinze jours, c'est capable de me donner des envies de m'engager.

LUCIEN.

Après la première émotion passée, vous avez crié, hein ?

CHALUMEAU.

Après ?... C'est-à-dire que j'ai dit au grand-maréchal, dans le tuyau de l'oreille : « Mon maréchal, emmenez l'empereur ou on va l'étouffer. » Il a filé, et il a bien fait.

LUCIEN.

Que vous êtes heureux de pouvoir donner votre vie pour un pareil homme !... Ah ! sans ma pauvre mère !...

CHALUMEAU.

Ah ça ! en attendant que je meure, je voudrais bien vivre... On m'avait dit que tu avais retenu une table.

LUCIEN.

Oui vraiment, ici... Tiens ! elle est prise...

CHALUMEAU.

Prise !... Quel est le pékin ?...

LUCIEN.

Un pékin !... non, non ! regardez ces deux jolies personnes !

CHALUMEAU.

Diable ! fameux !... Eh bien ! puisqu'elles sont à notre table... allons nous y mettre avec elles.

LUCIEN.

Si elles se fâchaient ?

CHALUMEAU.

Laisse faire, conscrit. (Il va à la table.) Mesdames ou mesdemoiselles, ce n'est pas pour la chose de vous dire que cette table est à nous, vu que nous l'avons retenue, au contraire, c'est pour vous dire que vous pouvez la garder en nous associant à vos plaisirs ; moi, Chalumeau, sergent à la première compagnie du deuxième bataillon du premier régiment de grenadiers à pied de la garde impériale ; mon neveu, Charençon, cardeur de laine, et son ami, Lucien, armurier, dont je réponds comme de moi-même pour la politesse qu'on doit au sexe, dont vous faites l'ornement, sans compter monsieur qui n'en est pas.

LA BARONNE, bas.

Mon Dieu ! il vont nous inviter à dîner !

LA COMTESSE, bas.

La figure de ce brave soldat me rassure... Acceptons !

BERNARDI, bas.

Nous nageons en plein dans le populaire... Je réponds... (Haut.) Monsieur, ces dames vous rendent mille graces !

LA COMTESSE, bas.

Parlez donc autrement ; vous allez nous faire reconnaître...

BERNARDI, se levant et affectant de la rondeur.

Ma foi, camarade, puisque vous le voulez bien, nous mangerons à la même table... et sarpejeu, vive la joie !

CHARENÇON, bas.

Il a dit sarpejeu !

CHALUMEAU, tendant la main à Bernardi.

Touchez-là, mon brave !... (A Lucien et à Charençon.) A table, vous autres.

BERNARDI, retournant à table.

Où est donc la sonnette ?

CHARENÇON, à Bernardi.

Dites donc, madame ; c'est vous qui êtes madame... ici les verres sont des cloches.

(Il frappe sur un verre avec un couteau qu'il tire de sa poche.)

ACTE I, SCÈNE XI.

LUCIEN.

J'espère, mademoiselle, que j'ai la main heureuse pour retenir les tables.

LA COMTESSE.

Oui, monsieur, cette table est fort bien!

LUCIEN.

Très bien!... puisque je suis auprès de vous!

LA COMTESSE.

Monsieur...

CHALUMEAU.

Ah! ça, qu'est-ce que nous mangeons?

CHARENÇON.

Du veau!... du veau!... j'adore le veau!

CHALUMEAU.

Excusez, mesdames, le cardeur mal élevé... Incivil, si le sexe contraire au nôtre a envie de manger du veau, ne peut-il pas le dire de sa voix angélique! (A la comtesse et à la baronne.) Mesdames, qu'est-ce qui pourrait vous ragoûter!

LA BARONNE.

Mais il faudrait voir la carte...

(La comtesse lui fait signe.)

CHALUMEAU, un peu interdit.

La carpe!... il y a bien des arêtes dans la carpe... puis si nous étions à la Rapée...

(Le père Mathieu entre.)

LUCIEN.

Voilà le père Mathieu!

CHALUMEAU.

Dis-moi, mon vieux, qu'est-ce que tu as de moins malpropre dans tes casseroles?

MATHIEU.

Du veau piqué, du veau aux carrottes, du veau à la poulette, du veau froid...

CHARENÇON, à Bernardi.

C'est une maison bien tenue.

MATHIEU.

De la salade, du lapin, des vrais lapins, voici les pattes.   (Il les tire de sa poche.)

CHALUMEAU.

Vieux farceur, tu as dévalisé les cordons de sonnette du faubourg.

BERNARDI.

Prenons du veau rôti et une salade.

CHARENÇON.

Oui, des mâches.

CHALUMEAU.

Et du meilleur vin... Va et reviens vite. Ma foi, ça va être un fameux repas pour un homme qui au siége de Saint-Jean-d'Acre a vécu sept jours d'une queue de crocodile.

LUCIEN.

Quel beau jour que le dimanche pour nous autres ouvriers, n'est-ce pas, mademoiselle? Malheureusement tous les dimanches ne ressemblent pas à celui-ci!

LA COMTESSE.

Vous êtes très galant, monsieur l'armurier!

LUCIEN.

Et vous très moqueuse, mademoiselle... mademoiselle...

LA COMTESSE.

La lingère.

LUCIEN.

Vous êtes lingère, oh! le joli état!... Elles sont si proprettes avec leur petit bonnet... Je suis fou des lingères!...

LA COMTESSE.

Je suis bien tentée de changer d'état.

LUCIEN.

Comme vous voudrez, je suis décidé à être fou de tout ce que vous serez!

MATHIEU, entrant avec un morceau de veau sur un plat; un garçon apporte une salade; le sommelier, deux bouteilles et trois verres; un autre garçon a donné les couverts et le pain.

Voilà le dîner demandé.

CHARENÇON.

Ah! enfin du veau!... j'en ai rêvé toute la nuit! (Offrant le couteau à Bernardi.) Découpez, monsieur.

CHALUMEAU, à la baronne.

Et vous, mademoiselle, peut-on savoir ce que vous êtes?

LA BARONNE.

Brodeuse, monsieur.

CHALUMEAU.

Je voudrais être l'objet que vous broderiez indéfiniment.

LA BARONNE.

Mais nous brodons avec de grandes aiguilles.

CHALUMEAU.

Elles seraient rougies au feu, que je me laisserais faire les dessins les plus baroques!

LA COMTESSE.

C'est du dévoûment... Et vous, monsieur l'armurier, auriez-vous le même courage?

LUCIEN, avec exaltation.

Moi?... Ah! mademoiselle, que dites-vous? se dévouer pour une femme... pour une femme que l'on aime... mais c'est un bonheur! On a une vie, n'est-ce pas pour cela?

CHALUMEAU.

Quant à ça, vous pouvez l'en croire; ce n'est que l'ami de mon neveu qu'il protége; mais ce qu'il fait pour sa mère...

LUCIEN.

Monsieur Chalumeau...

CHALUMEAU.

Crois-tu donc que ces dames te regarderont d'un plus mauvais œil, quand elles sauront que tu n'as pas toujours été...

LUCIEN.

Je vous en prie...

CHALUMEAU.

Laisse-moi donc tranquille, nous sommes ici

entre braves gens et je suis sûr qu'on sera bien aise de savoir...

LA COMTESSE.

Vous éveillez tout à fait mon intérêt !

LUCIEN.

Mon Dieu ! mais je n'ai fait que ce qu'une mère doit attendre d'un fils ! C'est si bon à aimer une mère !

LA COMTESSE, à part.

Comme il s'exprime d'une manière touchante !...

LA BARONNE.

Racontez-nous cela, monsieur Chalumeau.

CHALUMEAU.

Imaginez-vous, mesdames, que ce garçon-là est le fils d'un ouvrier armurier aussi, mais qui il y a quinze ans est parti avec les armées de la république. Au bout de dix mois il était officier, au bout de six ans il était colonel... il partageait sa solde, quand on la payait alors, avec sa femme restée ici, et qui travaillait de son côté pour élever leur fils qui déjà commençait à mordre joliment dans les études, quand... sacredieu !... Pardon, mais j'en jure encore parce qu'on n'a jamais pu découvrir... imaginez-vous le colonel Simon...

BERNARDI.

Le colonel Simon !

CHALUMEAU.

Vous l'avez connu ?

BERNARDI.

J'ai vu son nom sur des états de service.

CHALUMEAU.

Imaginez-vous donc qu'au commencement de l'insurrection espagnole, il avait été chargé de la défense d'un fort avancé... On pouvait être tranquille, les Anglais, qui étaient devenus les alliés des Espagnols, n'avaient rien à gagner par là... Après quelques assauts ils en furent aussi bien persuadés, si bien que n'osant plus s'y frotter, ils eurent recours à leur meilleure arme, l'arme jaune.

LA COMTESSE.

Comment ?

CHALUMEAU.

Les guinées ! Il y avait dans le fort un Italien qui n'était pas d'avis, comme le colonel, de se faire tuer jusqu'au dernier, avant que les ennemis plantassent leur drapeau sur la muraille ! Ce vil chapon, qui s'appelait Torelli, vendit la place... (A Bernardi.) Sacredieu ! camarade, vous n'avez plus de sang dans les veines.

LA COMTESSE.

C'est que cette action est si infâme !

BERNARDI.

Oui, oh ! oui... Et le colonel ?

CHALUMEAU.

Le colonel, au milieu de la nuit, se voyant trahi, s'est jeté sur les ennemis avec quelques braves qu'il avait pu réunir... Il en aura fameusement décousu... mais ils étaient tant contre un qu'ils l'ont écharpé, et si bien qu'on n'a jamais pu le reconnaître parmi les morts.

LUCIEN.

Mon pauvre père !

CHALUMEAU.

Ce n'est pas tout, des tonnerres de gredins ont fait courir le bruit que c'était le colonel qui avait livré le fort et qu'il s'était réfugié parmi les Anglais ; si bien que pour sa veuve, pour son fils, il n'y a eu ni pension, ni rien... Quand Lucien a su tout ça, quand il a vu la pauvre Mme Simon mourante de chagrin, il a quitté son école, il s'est fait ouvrir dans l'atelier où le brave colonel était autrefois, et du travail de ses bras il a nourri sa mère.

CHARENÇON.

Saprebleu ! comme ça vous a affecté cette histoire, monsieur mon voisin.

BERNARDI.

Il est vrai.

LA COMTESSE.

Ah ! monsieur Lucien, c'est très bien !... (A Bernardi.) Ne trouvez-vous pas étonnant...

BERNARDI, à part.

Elle est assez romanesque pour se laisser émouvoir.

LUCIEN, se levant.

Mon Dieu ! je suis tout honteux ; mais votre éloge et ce récit, tout ça me remue, m'attendrit... (Il se lève, tire son mouchoir de sa poche, et en fait tomber un livre.) Ah ! mon pauvre Molière !

LA COMTESSE, se levant et venant à lui.

Vous lisez Molière ?*

LUCIEN.

Eh bien ! oui... Vous savez donc ce que c'est que Molière ?

LA COMTESSE.

Oui, au magasin, dans mes momens perdus.

LUCIEN.

Comme ça se trouve, moi aussi !... (Plus bas.) Ma pauvre mère, le soir, ça la distrait... Puis avec sa gaité si franche, Molière a quelquefois des choses si tendres ! Hier encore, je lui lisais ces vers que j'ai retenus :

Oui, je voudrais qu'aucun ne vous trouvât aimable ;
Que vous fussiez réduite en un sort misérable ;
Que le ciel en naissant ne vous eût donné rien ;
Que vous n'eussiez ni rang, ni naissance, ni bien,
Afin que de mon cœur l'éclatant sacrifice
Vous pût d'un pareil sort réparer l'injustice,
Et que j'eusse la joie et la gloire en ce jour
De vous voir tenir tout des mains de mon amour !

LA COMTESSE, à part.

Quel accent ! je n'aurais jamais cru...

BERNARDI, à part et se levant.

Mais, vraiment, je crois qu'elle se laisse prendre aux belles paroles de ce manant.

* Bernardi, Charençon, la Baronne, Chalumeau, à table. — La Comtesse, Lucien, levés et au milieu de la scène.

ACTE I, SCÈNE XII.

LUCIEN.
Est-ce que vous n'auriez pas quelques vers aussi à me répondre ?

LA COMTESSE.
Oh! moi, je n'ai pas le temps d'apprendre.

LUCIEN.
Ah! ça, n'allez pas me prendre pour un monsieur au moins... Le matin, je suis le premier à l'établi, toute la journée je pousse vigoureusement la lime; mais le soir venu, on se délasse avec un livre... Parce que vos bras vous font vivre, ce n'est pas une raison pour ne rien mettre dans sa tête. Savoir quelque chose, dit ma mère, c'est déjà être meilleur; et je tiens à être bon pour que ma mère m'aime et d'autres encore, peut-être !

BERNARDI, à part.
Il faut que je rompe au plus tôt ce commencement de relations... quelque bonne calomnie !...

CHALUMEAU, à la baronne qu'il a entretenue tout le temps.
Je vois avec plaisir, mignonne, que vous êtes de la même opinion que moi sur Aboukir.

CHARENÇON.
Eh! eh! dites donc, voilà le temps qui se brouille.

LA BARONNE.
Quels sont ces cris ?   (Cris au dehors.)

CHALUMEAU, se levant.
Les danseurs commencent à sentir l'eau.

BERNARDI, bas à la comtesse, montrant Lucien.
Ne trouvez-vous pas qu'avec son emphase, il est fort amusant ?

LA COMTESSE, bas.
Il est mieux que cela, car sa conduite et son langage inspirent un vif intérêt.

BERNARDI, bas.
Vous n'avez pas encore deviné qui il est ?

LA COMTESSE, bas.
Vous le savez ? Ah! dites-le moi !

BERNARDI, bas.
Vous allez tomber de bien haut.

LA COMTESSE, bas.
Dites toujours.

BERNARDI, bas.
Vous savez que le ministre de la police a envoyé ici quelques employés subalternes ?

LA COMTESSE, bas.
Eh bien ?

BERNARDI, bas.
Eh bien ! vous en avez vu un.

LA COMTESSE, bas.
Lui !... ah !

LUCIEN, à la comtesse.
Mademoiselle, on va probablement venir danser ici, puis-je espérer...

LA COMTESSE, avec irritation et mépris.
Jamais avec vous, monsieur.

LUCIEN.
Mon Dieu ! qu'ai-je donc fait ou dit ?...

LA COMTESSE.
Rien qui puisse me toucher en quoi que ce soit.

(La comtesse lui tourne le dos, et Chalumeau vient à lui.)

CHALUMEAU.
Allons Lucien, la fête aux jambes va commencer. Qu'as-tu donc ?

(Il l'emmène vers le haut de la scène, tandis que les danseurs commencent à entrer.)

SCÈNE XII.

LES MÊMES, DANSEURS, puis MATHIEU, RICHARD.

LA COMTESSE, bas à Bernardi.
J'ai assez de cette fête et de ce bruit; il pleut, voyez-donc si vous pourriez faire approcher une voiture.

BERNARDI.
J'y vais, madame, et dans quelques minutes je suis à vous. (A part.) Le coup a porté.

(Il sort.)

LA COMTESSE, à la baronne.
Ne me quitte pas.

(Les danseurs entrent par couples nombreux en criant, chantant et secouant la pluie qu'ils ont reçue.)

PREMIER DANSEUR.
Il faut danser ici.

TOUS.
Oui, oui, dansons ici.

DEUXIÈME DANSEUR.
L'orchestre !

(Cri général : l'orchestre !)

MATHIEU, entrant.
Je viens de les faire avertir, mes enfans.

(Les musiciens entrent.)

PREMIER DANSEUR.
C'est ici que ce pauvre contrebandier a été arrêté, n'est-ce pas, père Mathieu ?

MATHIEU.
Oui, mes enfans.

PREMIER DANSEUR.
Que le diable ne jette pas sous not' patte celui qui l'a dénoncé.

DEUXIÈME DANSEUR.
Mais ici, il faut le sauvage.

TOUS LES DANSEURS.
Oui, oui, le sauvage ! le sauvage !

MATHIEU.
Il n'est pas ici.

RICHARD, *sortant de dessous l'orchestre habillé en sauvage.*

Qui est-ce qui a dit que je ne suis pas là ?

TOUS, *avec acclamation.*

Bravo ! bravo !

MATHIEU, *bas.*

Mais c'est toi, Richard.

RICHARD, *bas.*

Crois-tu que les rats de cave me reconnaissent ?

DANSEURS.

En place ! en place !

RICHARD.

A mes tambours !

(*Il s'élance sur l'orchestre.*)

UN DANSEUR, *à demi-ivre, à la comtesse.*

Ma jolie enfant, une contredanse ?

LA COMTESSE, *effrayée.*

Merci, monsieur.

LE DANSEUR.

Allons, allons, ma petite mijaurée !

LA COMTESSE.

Laissez-moi ! laissez-moi.

LA BARONNE.

Monsieur Bernardi !... Il n'est pas là !

LE DANSEUR, *voulant saisir la comtesse.*

Oh ! pas tant de façons...

(*Chalumeau et Charençon se font vis-à-vis. Lucien, qui s'est promené triste dans la salle, entendant du bruit du côté de la comtesse, s'approche.*)

LUCIEN.

Qu'y a-t-il ?

LA COMTESSE.

Monsieur, défendez-moi, votre devoir est de veiller au maintien de l'ordre, c'est pour cela qu'on vous envoie ici.

PREMIER DANSEUR.

Qu'est-ce que c'est, on t'envoie...

DEUXIÈME DANSEUR.

C'est lui qui a dénoncé le contrebandier.

LUCIEN.

Qui ? moi...

PREMIER DANSEUR.

Ah ! tu rôdes encore ici ?

LUCIEN, *menaçant.*

Misérables !

DEUXIÈME DANSEUR.

Et tu nous insultes encore !

TOUS.

Faut l'assommer... faut l'assommer.

LUCIEN.

N'avancez pas.

(*Tous se jettent sur lui. Il est frappé à la tête, la comtesse jette un cri d'effroi. Lucien blessé est allé tomber sur une chaise à droite.*)

CHARENÇON.

Mon oncle Chalumeau, c'est Lucien.

CHALUMEAU, *se précipitant au milieu des combattans.*

Mille tonnerres, Lucien, mon garçon, me voilà.

LES DANSEURS.

Ne le défendez pas, sergent, c'est un lâche.

CHALUMEAU, *qui a dégagé Lucien tout ensanglanté.*

Quel est l'infâme qui a dit cela ?

LES DANSEURS.

Il a fait prendre Richard.

RICHARD, *accourant et ôtant sa barbe.*

C'est lui qui m'a sauvé !

(*Mouvement général de compassion pour Lucien. — Bernardi revient auprès de la comtesse.*)

LA COMTESSE, *à Bernardi, en lui montrant Lucien.*

Monsieur, vous avez menti.

ACTE DEUXIÈME.

La chambre de Lucien. Au fond, la porte d'entrée. A droite de l'acteur, premier plan, une commode ; deuxième plan, une porte condamnée. A droite de la porte du fond, le lit ; à gauche dans le pan coupé, la cheminée dont le dessus est garni d'armes, fusils, pistolets, etc. A gauche, premier plan, un petit établi avec les outils d'un ouvrier armurier ; au deuxième plan, fenêtre donnant sur la rue ; devant la fenêtre, un petit bureau à tiroir en sapin noirci, avec ce qu'il faut pour écrire. Sur la cheminée, le buste en plâtre de l'Empereur ; sur les murs, gravures représentant des batailles de l'Empire ; petit corps de bibliothèque au fond, près de la cheminée.

SCÈNE I.

CHARENÇON, *seul, assis sur une chaise et fredonnant.*

Amour à la plus belle,
Honneur au plus vaillant.

Ah ! ça, qu'est-ce que fait donc Lucien ? je venais lui dire adieu ; le portier, le père Joseph, me dit d'attendre... il y a une heure que j'attends... rien... j'ai été à son atelier... personne ! Depuis un mois, depuis notre satanée aventure du Grand-Sauvage, il a quelque chose, notre pauvre Lucien. Sa blessure est guérie maintenant, ce n'est donc plus de cela qu'il est pâle, triste, inquiet... Ah ça ! qu'il se dépêche, s'il veut encore voir le malheureux Charençon, s'il veut recevoir mes adieux. Coquin de sort ! conscrit !... moi soldat ! faut-il que j'aie du guignon ! tomber sur le numéro un... moi qui ai mis la main dans le sac l'avant-dernier de tous. Je sais bien que mon oncle Chalumeau m'a dit que je serais peut-être un jour maréchal d'empire ; mais je crois qu'il veut me flatter... j'ai pas d'ambition, j'aimerais mieux rester simple cardeur... c'est plus dans mes moyens... Que diable se passe-t-il donc dans la rue ? comme ça bourdonne ! (Allant à la fenêtre qu'il ouvre.) Ah ! que de monde ! (Criant.) Dites donc, père Joseph, qu'est-ce qu'il y a donc ?... Ah ! c'est la police... qu'est-ce qu'elle veut ?... bah ! elle cherche des conspirateurs dans la maison à côté... Tiens, tiens !... à qui donc la belle voiture ?... Pas gêné !... il est à son aise là-dedans le ministre... Et le beau cheval noir ?... ah ! c'est le général Moralfi, le commandant de la place. (Rentrant.) Ah bien ! ma foi, qu'ils cherchent !... Des conspirateurs ! si j'étais gouvernement, je les empoignerais tous et j'en ferais des remplaçans pour tous les numéros un de France.

SCÈNE II.

CHALUMEAU, CHARENÇON.

CHARENÇON.

Tiens, voilà mon oncle Chalumeau ! Bonjour, mon oncle Chalumeau.

CHALUMEAU.

D'abord, depuis que tu es sous les drapeaux et susceptible par ta vaillance de devenir maréchal d'empire, je ne suis plus ton oncle.

CHARENÇON.

Vous n'êtes plus mon oncle, mon oncle Chalumeau ?

CHALUMEAU.

Je suis ton oncle aux yeux de la nature ; mais aux yeux de l'armée je suis ton sergent... vu que je conduis les recrues au dépôt de Bayonne où ils seront incorporés dans les régimens qu'on envoie en Portugal... ainsi dis-moi : Sergent.

CHARENÇON.

A la bonne heure... Eh bien ! soyez tranquille, mon oncle Chalumeau, je ne vous appellerai jamais que sergent.

CHALUMEAU.

Commence donc tout de suite.

CHARENÇON.

C'est convenu ; on n'est pas plus bête qu'un autre, mon oncle Chalumeau.

CHALUMEAU.

Décidément je ne peux pas t'affirmer que tu finiras ta carrière par être maréchal d'empire : tu seras peut-être général, encore faut-il que tu sois moins bête en Portugal qu'ici.

CHARENÇON.

En Portugal ! moi Charençon ! moi cardeur ! moi domicilié dans la rue du Chat-qui-Pêche, moi en Portugal comme une orange !

CHALUMEAU.

Où est Lucien ?

CHARENÇON.

Je ne sais pas, mon oncle Chalumeau.

CHALUMEAU.

Encore une fois, je te dis : sergent.

CHARENÇON.

Ma parole d'honneur ! vous rabâchez énormément. Est-ce que je suis sourd ? Vous me dites de vous appeler sergent ? eh bien ! il n'y a pas besoin de crier si fort, mon oncle Chalumeau.

CHALUMEAU.

Je n'espère pas te voir jamais plus haut que colonel. Lucien n'a pas dit quand il rentrerait ?

CHARENÇON.

Non, mon oncle Chalumeau ; je l'attends depuis une heure.

CHALUMEAU.

Tiens, vois-tu, je voudrais être un caporal allemand pour pouvoir te donner la schlague en vertu des réglemens militaires. Je te dis une dernière fois de m'appeler sergent et pas mon oncle. Mille tonnerres ! comprends-tu ? entends-tu ? dis-moi : Sergent ! voyons, dis, dis donc ?

CHARENÇON.

Parbleu ! c'est bien difficile. Sergent !... n'est-ce pas que je l'ai bien dit, mon oncle Chalumeau ?

CHALUMEAU.

Il faudra fameusement remercier l'empereur, si jamais tu deviens gros-major.

(Lucien entre.)

SCÈNE III.

CHARENÇON, CHALUMEAU, LUCIEN.

CHALUMEAU, à Lucien qui s'est assis devant le bureau.

Et d'où diable sors-tu ?

LUCIEN.

J'étais là occupé à regarder ce qui se passe dans la rue, autour de la maison qu'on visite.

CHALUMEAU.

Ce n'est pas ça qui t'a empêché d'aller à ton atelier.

LUCIEN, distrait.

Oui... c'est vrai... (En regardant son tiroir, il dit à Charençon avec humeur :) Tu devrais bien, quand tu m'attends, Charençon, ne pas être assez indiscret pour fouiller dans mes tiroirs.

CHARENÇON.

Moi ! moi ! que mon oncle Chalumeau devienne sourd, aveugle et bancal, si j'ai touché à quelque chose.

CHALUMEAU, à Charençon.

Tu te permettrais de fourrer ton nez où tu n'as pas droit ! mille tonnerres ! si je savais...

LUCIEN, à Chalumeau, se levant.

Calmez-vous, mon ami, il n'y a pas de mal... je n'ai rien à cacher... seulement depuis quelques jours... je ne sais, mais il me semble qu'on fouille partout dans ma chambre, pendant mon absence... souvent je ne trouve plus les choses où je les avais laissées.

CHARENÇON.

C'est pas moi ! c'est pas moi ! c'est peut-être ton portier, le père Joseph, il a l'œil curieux comme une pie borgne.

LUCIEN.

J'emporte toujours ma clé avec moi.

CHARENÇON.

Mais tu as deux portes ici. (Montrant celle de droite.) Et celle-là, qui en a la clé ?

LUCIEN.

Personne ; c'est une porte condamnée, elle donne sur une allée obscure qui aboutit à l'impasse Grand-Pré.

CHALUMEAU.

C'est singulier.

LUCIEN.

D'autant plus que ma mère, qui loge au dessous de moi, m'a dit avoir cru plusieurs fois entendre distinctement des pas. Enfin... qu'importe ?

(Il retourne au bureau et range.)

CHARENÇON.

Dites donc, mon oncle Chalumeau, si on a entendu des pas, ça pourrait bien être quelqu'un.

CHALUMEAU.

Tu ne seras capitaine que si on prend les bêtes au choix. (A Lucien.) Et on ne t'a rien volé ?

LUCIEN.

Non.

CHALUMEAU.

Les recrues partent à une heure, j'ai le temps. (A Charençon.) Ecoute ici, es-tu capable d'aller à la caserne et de dire au caporal Jolivet de faire tous les préparatifs du départ des recrues, de m'attendre et d'être prêt à une heure ?

CHARENÇON.

Mais un enfant, un simple enfant ferait ça les yeux fermés, mon oncle Chalumeau.

CHALUMEAU.

Voyons, alors répète.

CHARENÇON.

Quoi ?

CHALUMEAU.

Ce que je t'ai dit pour les recrues.

CHARENÇON.

Ah ! j'y suis. Vous m'avez dit de dire au caporal Jolivet de dire aux recrues de venir vous trouver ici dans une heure.. voilà, mon oncle Chalumeau.

CHALUMEAU.

Et à la face de Dieu et des hommes ça m'appelle son oncle Chalumeau. (A Charençon.) Tu ne seras ni lieutenant, ni sergent, ni caporal, tout ce que tu pourras devenir avec beaucoup de conduite ce sera triangle ou chapeau-chinois. (A Lucien.) Voyons, donne-moi une plume et de l'encre, et toi (à Charençon) tu vas porter cette lettre au caporal Jolivet ; tu sauras peut-être faire ça, j'espère.

(Il s'assied et écrit. Lucien lui a donné ce qu'il faut, et est venu s'asseoir à droite.*)

CHARENÇON.

Ah ! ça, mon oncle Chalumeau, vous me prenez donc pour un oiseau importé par les jésuites ? (Murmurant.) Triangle ! chapeau-chinois ! Eh bien ! Lucien, je vais décidément en Portugal... Mais qu'est-ce que tu as ? tu ne me réponds pas... tu as l'air tout drôle ?

LUCIEN.

Je n'ai rien.

CHALUMEAU, se levant et donnant un morceau de papier à Charençon.

Tu comprends bien, porte cela au caporal Jolivet, c'est clair ?

CHARENÇON.

Clair comme de l'eau de roche... j'aurais voulu quelque chose de plus compliqué.

CHALUMEAU.

Ça serait gentil ! (Charençon sort.)

SCÈNE IV.

LUCIEN, assis ; CHALUMEAU, pose son chapeau sur le lit, prend une chaise, et vient s'asseoir près de Lucien.

CHALUMEAU.

Ah ! ça, maintenant que cet imbécile est parti, il faut que nous causions sérieusement et que je te dise ce que j'ai sur le cœur. Le lendemain de notre mauvaise journée du Grand-Sauvage, j'ai été chercher des recrues en Normandie, je suis revenu hier, et d'après ce que j'ai appris en arrivant, je ne suis pas content de toi.

LUCIEN.

Comment ! qu'avez-vous ?

CHALUMEAU.

Je te dis que je ne suis pas content... j'aime ta mère comme ma sœur, toi comme mon fils, tu es un blanc-bec... j'ai une moustache grise... et sacrebleu ! j'ai le droit de te dire ça.

LUCIEN.

Mais encore à propos de quoi ?

CHALUMEAU.

A propos de tout : depuis quinze jours tu aurais pu retourner à l'atelier, tu n'y as pas mis le pied.

* Lucien, Charençon, Chalumeau.

LUCIEN.

J'ai quelques avances; je n'ai pas besoin de me tuer à travailler.

CHALUMEAU.

Si tu as des avances, elles ne t'appartiennent pas, elles appartiennent à ta mère qui ne peut plus travailler, qui est infirme. Vois-tu Lucien, je te pardonnerais d'être tapageur, buveur, tout ce que tu voudras; mais sacrebleu! jamais d'être mauvais fils.

LUCIEN.

Vous pourriez penser?

CHALUMEAU.

Tu n'es plus pour elle ce que tu étais. Tout le temps que tu ne passais pas à l'atelier, tu le passais près d'elle, tu étais aux petits soins, tu lui faisais sa lecture... Eh bien! hier matin tu l'as laissée seule à la promenade où elle t'accompagnait parce qu'elle te croyait encore souffrant, et depuis ce moment-là tu n'as pas seulement ouvert sa porte en passant pour lui demander excuse et lui dire bonjour.

LUCIEN, attendri.

Ah! oui, j'ai eu tort, j'ai eu tort.

SCÈNE V.

CHALUMEAU, CHARENÇON, LUCIEN.

CHARENÇON.

Mon oncle Chalumeau!

CHALUMEAU, se levant.

Encore toi! Et ma commission, imbécile, ma lettre!

CHARENÇON.

Ne parlons plus de votre lettre; en voici une autre qu'un commissionnaire vient de donner au père Joseph pour Lucien... Je passais devant la loge; qu'est-ce que je me suis dit: Mon oncle Chalumeau me regarde, je soupçonne, comme une bête, prouvons-lui qu'il ne sait ce qu'il pense. Je prends la lettre et la voilà. (Il donne la lettre à Lucien.) Que dites-vous de celle-là? hein? si je remontais tous mes grades. Maintenant votre lettre à vous; je vole.   (Il sort en courant.)

SCÈNE VI.

CHALUMEAU, LUCIEN.

LUCIEN, qui a lu.

Je ne comprends pas ce que cela peut être... une écriture que je connais pas. « A midi précis soyez » chez vous, on veut vous y parler devant votre » mère. » Cela paraît être de quelqu'un qui ignore que ma mère et moi nous n'habitons pas le même logement. Si c'était!... mais non! impossible! (Il jette la lettre dans le tiroir de sa table. Chalumeau, qui l'attend, frappe du pied avec un peu d'impatience.) Ecoutez, mon vieil ami, vous êtes un brave militaire, vous nous aimez sincèrement ma mère et moi; puisque vous me soupçonnez, je vais tout vous dire, vous verrez que je ne mérite peut-être pas vos reproches.

CHALUMEAU.

Je ne demande pas mieux que de te croire.

LUCIEN.

Vous savez que dans cette malheureuse bataille à la barrière, je fus blessé et obligé de rester au lit plusieurs jours. Le surlendemain de l'événement le portier vint me dire qu'une femme mise simplement était venue en fiacre savoir de mes nouvelles; mais il n'avait pu distinguer sa figure cachée par un voile; deux jours après elle revint encore, j'allais mieux, on lui dit aussi que je pourrais bientôt sortir, si les promenades n'étaient pas si loin; le lendemain on remit une carte d'entrée pour tous les jours au jardin de Monceaux qui est là tout à côté... et la personne ne revint plus; mais chaque jour on apportait des fleurs et des fruits superbes que j'envoyais à ma mère.

CHALUMEAU.

Ça doit être une fruitière en gros.

LUCIEN.

Dès que je pus sortir, j'allai au parc de Monceaux avec ma bonne mère qui me donnait le bras. Le second jour... j'étais bien faible encore... quand au détour d'une allée je me trouvai en face de la jolie lingère qui a été la cause involontaire de l'accident.

CHALUMEAU.

Oh! celle-là j'ai une dent canine contre elle.

LUCIEN.

Elle devint rouge comme une cerise et resta immobile. « J'espère, mademoiselle, lui dis-je, que vous ne me prenez plus pour... » Et alors si vous l'aviez entendue demander pardon à ma mère et à moi... Ce jour-là je commençai à aller très bien. Le lendemain je la retrouvai encore à Monceaux où il n'y a jamais personne le matin... Je marchais si bien, je prenais tant de goût à la promenade, que ma mère fut fatiguée et demanda à s'asseoir. Alors ma jolie rencontre m'offrit son bras, et si elle ne m'avait pas obligé de me reposer, j'aurais marché bien long-temps. Presque tous les jours je l'ai vue ainsi.

CHALUMEAU.

Hum! hum! j'ai pas bonne idée.

LUCIEN.

C'est que vous ne l'avez pas entendue m'encourager au travail, me répéter qu'avec de l'intelligence, de la conduite, de simples ouvriers étaient devenus de grands, de riches fabricans, et si je voulais lui parler de mon amour...

CHALUMEAU.
Allons donc, tu as eu bien de la peine à lâcher le mot.

LUCIEN.
Alors elle détournait la conversation... Hier j'ai voulu lui dire tout ce que j'avais dans le cœur, elle m'a répondu que j'avais tort de n'avoir pas encore repris mon travail. J'ai voulu savoir qui elle était...

CHALUMEAU.
Ah! ah! c'est là le bic.

LUCIEN.
Il faut nous quitter, m'a-t-elle dit; je suis rassurée maintenant sur les suites d'une funeste méprise, nous ne devons plus nous voir.

CHALUMEAU.
Sacr...! j'ai pas bonne idée.

LUCIEN.
Elle pleurait comme moi, elle en refusant, moi en priant... elle m'a quitté... Après être resté un instant immobile j'ai perdu la tête... j'ai tout oublié, et malgré les défenses de mon inconnue, quoique je susse bien que ma mère m'attendait, je l'ai suivie pour savoir où elle allait.

CHALUMEAU.
Enfin nous allons savoir...

LUCIEN.
Rien : le concierge de la maison où elle est entrée, à mes questions, a répondu que cela ne me regardait pas; j'ai voulu insister, il m'a dit qu'il allait appeler. Il s'en est suivi une dispute... on s'assemblait autour de nous. J'ai dû me retirer; mais depuis cet instant je n'ai presque pas perdu cette porte de vue et je suis encore plus malheureux qu'auparavant.

(Il va s'asseoir avec chagrin près du bureau.)

CHALUMEAU.
Pourquoi aimes-tu des femmes qui vont dans des maisons où il y a des concierges?... Au lieu de ton inconnue que je voudrais à tous les diables, pourquoi ne choisis-tu pas une vraie ouvrière; on prend une ou deux heures par jour pour s'aimer et on est tranquille le reste du temps. Ton inconnue n'est pas grand'chose.

LUCIEN.
Ah! ne dites pas cela : la maison où elle est entrée est une maison honnête...

CHALUMEAU.
Où est ton honnête maison?

LUCIEN.
Rue du Faubourg-Saint-Honoré, 71.

CHALUMEAU.
Quand je te disais.. elle est entrée au n° 71?

LUCIEN, avec inquiétude.
Oui!

CHALUMEAU.
Rue du Faubourg-Saint-Honoré?

LUCIEN.
Oui.

CHALUMEAU.
Mon garçon, du courage... sacr... j'avais raison de ne pas avoir bonne idée.

LUCIEN, se levant.
Ah! que vous me faites déjà de mal!

CHALUMEAU.
L'hôtel du n° 71 est celui d'un de mes anciens colonels, un garçon, un gaillard, un luron, chez qui entrent par la rue Saint-Honoré beaucoup de femmes qui ressortent par les Champs-Elysées. Le général Moralfi, comprends-tu?

LUCIEN.
Oh! non, non, ce n'est pas possible.

CHALUMEAU.
Parbleu, je crois bien qu'elle ne te voulait pas dire qui elle était...

LUCIEN.
Oh! ce serait affreux.

CHALUMEAU.
C'est dans le grand genre; mais ce n'est pas plus beau.

LUCIEN.
Oh! j'en mourrai!

(Il retombe sur sa chaise désolé.)

CHALUMEAU.
Tu en mourras, mille capucines! qu'est-ce que cela signifie? et ta mère, tu la sacrifierais à une péronnelle qui n'est pas ouvrière et qui va au bal du Sauvage, qui n'est pas grande dame et qui envoie des fleurs et des fruits, qui fait tout ce qu'elle peut pour t'enflammer et qui te plante là, ni vu ni connu, et qui va au n° 71, chez le commandant de la place... tu en mourras! Alors c'est moi qui me souviendrai que tu as à soutenir le nom d'un brave colonel, lâchement trahi; alors c'est moi qui nourrirai ta mère avec les 250 francs de ma croix et un petit boursicot que j'ai chez mon cousin le mercier; alors c'est moi qui prendrai garde sur les champs de bataille afin de vivre pour la pauvre femme sans mari et sans enfant.

(Il remonte prendre son chapeau.)

LUCIEN, le suivant.
Grace! grace!

CHALUMEAU.
Laisse-moi, laisse-moi!

LUCIEN.
Non, je ne veux pas mourir, je la fuirai, je vous promets de la fuir.

CHALUMEAU.
Bien, bien, je te reconnais.

LUCIEN, avec désespoir.
Mais pour cela donnez-moi du courage.

CHALUMEAU.
Du courage... viens embrasser ta mère.

(Il l'entraine.)

SCÈNE VII.

BERNARDI, seul.

(Lorsque Chalumeau et Lucien sont sortis par la porte du fond, il ouvre avec précaution la porte condamnée de droite.)

Ils sont partis ! (Il s'approche de la porte du fond, et écoute.) Ils descendent l'escalier... je suis le maître ici... Sans éveiller aucun soupçon j'ai pu me faire faire une clé de cette porte que tout le monde croit condamnée. Jusqu'à présent il ne m'a servi à rien de pouvoir m'introduire ici pendant les longues absences de ce misérable... mais aujourd'hui, mes peines doivent être payées ; mes affidés viennent de m'apprendre qu'il y a une heure la femme de chambre de la comtesse est sortie de l'hôtel et a remis une lettre à un commissionnaire... cherchons. (Il regarde sur la commode, sur la cheminée et sur le bureau.) Rien !... dans ce tiroir. (Il en tire un papier.) L'écriture de la comtesse !... je ne m'étais pas trompé... Un rendez-vous ici ! oh ! rage ! elle me préfère un ouvrier, un homme du peuple, un homme qui porte un nom odieux ! le fils de celui dont le souvenir me poursuit, dont la mort ne m'est pas assez prouvée encore pour que je puisse vivre sans crainte... Oh ! je serai vengé ! Du bruit ! on vient déjà... je n'ai pas de temps à perdre pour assurer le succès de ma vengeance... Hâtons-nous...

(Il sort par la porte de droite qu'il referme tandis que Lucien rentre par la porte du fond.)

SCÈNE VIII.

LUCIEN seul, se jetant avec désespoir sur une chaise.

Et ma mère aussi la condamne ! ma mère aussi me dit de l'oublier... pauvre mère !... je l'ai quittée pour lui cacher mes larmes, des larmes de rage. Oh ! mon Dieu ! tant de perfidie ! joué ! pris pour un hochet que l'on brise quand on en est fatigué ! Oh ! je souffre ; mais je ne sais si c'est de désespoir ou de fureur. (On frappe à la porte.) On a frappé... oui... j'avais oublié... quelqu'un doit venir. (Il se lève.) Entrez !

(Tandis qu'il essuie ses larmes avant de se retourner, la comtesse de Nerval entre.)

SCÈNE IX.

LUCIEN, LA COMTESSE.

LUCIEN, l'apercevant.

Vous, vous, ici !

LA COMTESSE.

Votre mère ?

LUCIEN.

Vous... et cette lettre ?

LA COMTESSE.

Elle est de moi... mais votre mère !

LUCIEN.

Ma mère n'habite pas ici.

LA COMTESSE.

Ah ! vous m'avez trompée !

LUCIEN, ironiquement.

Moi ?

(Il s'approche de la porte.)

LA COMTESSE.

Laissez-moi sortir.

LUCIEN, tirant le verrou.

Vous ne sortirez pas.

LA COMTESSE.

La violence !

LUCIEN.

Vous êtes en mon pouvoir, vous vous expliquerez.

LA COMTESSE.

Oui, oui ; mais devant votre mère.

LUCIEN.

Ma mère vous maudit.

LA COMTESSE.

Laissez-moi m'aller jeter à ses genoux.

LUCIEN.

Et que lui direz-vous ?

LA COMTESSE.

Quand abusée par une lâche calomnie j'ai attiré sur votre tête les blessures et la mort, alors elle pouvait me maudire ; mais quand j'ai déploré les suites de ma faute, quand j'ai voulu les connaître, quand je cherchais pendant vos souffrances à vous faire savoir que ma pensée était près de vous, devait-elle encore me maudire ?

LUCIEN.

Alors elle vous plaignait.

LA COMTESSE.

Quand attirée par mes regrets, par un attrait irrésistible, je me trouvais sur votre chemin, quand je soutenais vos pas mal affermis, me maudissait-elle ?

LUCIEN.

Alors elle vous aimait.

LA COMTESSE.

Et aujourd'hui, si, effrayée de mon imprudence, de ma faiblesse peut-être, je viens l'implorer contre vous, contre moi, si je viens vous dire que je ne suis pas ce que vous croyez, que pour réparer une étourderie de jeune femme et cédant à l'attrait de votre caractère noble et généreux, j'ai gardé un costume qui ne m'appartient pas, mais qu'effrayée enfin j'ai aperçu l'abîme vers lequel nous marchons ; si devant elle je vous conjure de ne plus nous voir, de ne plus vous souvenir de moi que comme d'un rêve, de me rendre la tranquillité détruite, de fuir les dangers qui nous entourent, croyez-vous qu'elle me réponde encore par une malédiction?

LUCIEN.

Elle vous répondra : J'avais un fils heureux de ma seule tendresse, et sous un masque vous êtes venue pour lui mettre dans le cœur un amour funeste, un amour qui le pousse au délire ; puis maintenant que vous avez assez ri sans doute de sa crédulité, vous venez lui ordonner d'arracher cette passion de son âme ; la première fois qu'il vous a vue, vous me l'avez renvoyé couvert de sang, et vous voulez maintenant que votre dernier adieu le fasse mourir !

LA COMTESSE.

Mon Dieu ! suis-je donc si coupable ?

LUCIEN.

Vous avez tué en moi l'amour du travail, vous m'avez fait oublier ma mère, et maintenant que je sais qui vous êtes, vous tuez en moi la croyance au bien, vous feriez de moi un méchant, un athée.

LA COMTESSE.

Grace ! grace !   (Elle tombe à genoux.)

LUCIEN.

Non ! vous entendrez tout ce que je souffre ; ce ne sont là que des paroles que vous oublierez près de Moralfi.

LA COMTESSE.

Près de mon frère !

LUCIEN.

Votre frère ! qui donc êtes vous ?

LA COMTESSE, se levant.

La comtesse de Nerval qu'une imprudence...

LUCIEN.

Vous ! vous ! et j'ai cru...

LA COMTESSE.

Oui, Moralfi, mon frère, chez qui vous êtes venu hier, près de qui vous avez manqué me perdre, mon frère, homme généreux, mais Corse sans pitié, à qui un simple soupçon mettrait les armes à la main... j'ai craint que par vos démarches, il n'apprît... j'ai eu peur... je suis venue.

LUCIEN, s'inclinant.

Ah ! pardon ! pardon ! j'étais un insensé... Oubliez tout ce que je vous ai dit, mais non pas que je vous aime.

LA COMTESSE.

Taisez-vous ! taisez-vous ! il faut nous séparer.

LUCIEN.

Vous ne m'avez pas trahi ! vous m'avez aimé un peu peut-être.

LA COMTESSE.

Mon devoir... votre sûreté... celui qui déjà une fois a failli vous coûter la vie... (On frappe à la porte.) On a frappé !

LUCIEN, à voix basse.

Silence !

LA COMTESSE, avec désespoir.

Perdue ! perdue !

JOSEPH, en dehors.

Monsieur Lucien !

LUCIEN.

C'est le portier.

JOSEPH.

Monsieur Lucien, répondez donc, c'est un gendarme à cheval qui est en bas... il dit qu'il a à vous parler...

LA COMTESSE.

Mon Dieu ! qu'est-ce que cela veut dire ?

LUCIEN.

Misérable que je suis !

JOSEPH.

Mais répondez-moi donc, monsieur Lucien, puisque vous êtes là ?

LA COMTESSE.

Tout est découvert.

JOSEPH.

Ah ! je vous vois bien, monsieur Lucien, par le trou de la serrure.

(Mouvement rapide à droite de la comtesse.)

LA COMTESSE.

Allez voir ce que veut cet homme.

LUCIEN.

Mais vous ! vous !

JOSEPH.

Que vous êtes drôle de faire comme ça le mort !

LUCIEN.

Je vais l'emmener, descendez chez ma mère.

LA COMTESSE.

Où ?

LUCIEN.

L'étage au dessous, la porte pareille.

JOSEPH, chantant et frappant en mesure.

M'sieur Lucien ! m'sieur Lucien ! m'sieur Lucien !

LA COMTESSE.

Vite ! vite ! je meurs d'effroi.

LUCIEN.

Ah ! pardon ! pardon ! (Il ouvre violemment la porte, et dit avec emportement au père Joseph qu'il repousse.) Misérable ! (La porte se referme aussitôt.)

SCÈNE X.

LA COMTESSE, puis BERNARDI.

LA COMTESSE, s'appuyant sur le bureau.

Je me sens mourir. Ah ! du courage.

BERNARDI, entrant par la porte condamnée.

J'étais bien sûr de le faire sortir ainsi.

LA COMTESSE, l'apercevant.

Bernardi ! ah ! (Elle cache sa tête dans ses mains.)

BERNARDI.

Deux hommes à moi sont au bas de cet escalier, ils ont ordre de ne laisser passer aucune femme.

LA COMTESSE.
Pourquoi cet ordre?
BERNARDI.
Je viens d'envoyer un mot au général Moralfi qui est ici près; je lui dis qu'un des coupables que l'on cherche est dans cette maison, dans cette chambre, encore cinq minutes et il sera ici.
LA COMTESSE.
Je suis innocente.
BERNARDI.
Il ne vous croira pas... Je vous aime, vous me méprisez, peu m'importe... consentez à me suivre par cette porte dont seul j'ai la clé, vous êtes sauvée... on ne trouvera plus personne ici... au bout de ce passage une voiture nous attend... et une fois là ne croyez pas m'échapper.
LA COMTESSE.
Malheureux! infâme!
BERNARDI.
Décidez-vous?
LA COMTESSE.
Ah! j'entends monter.
BERNARDI.
Il ne vous sauvera pas .. je suis là, armé, derrière cette porte... si vous lui dites un mot, je rentre et je le tue...
LA COMTESSE.
Vous êtes trop lâche...
BERNARDI.
Grace au trouble de ces temps, j'ai mille moyens d'impunité... Il revient... éloignez-le sous quelque prétexte et je vous sauve... j'attends.

(La comtesse tombe anéantie sur une chaise et Bernardi sort rapidement par la porte de droite, tandis que Lucien rentre par le fond.)

SCÈNE XI.

LUCIEN, LA COMTESSE.

LUCIEN, en rentrant.
Ce n'était rien, cet homme se trompait... Vous êtes encore là!... qu'avez-vous?... pâle!... mourante!... Ce n'est rien, vous dis-je... remettez-vous... parlez-moi?
LA COMTESSE, hors d'elle-même.
Fuyez! fuyez!
LUCIEN.
Qu'y a-t-il? que s'est-il passé?
LA COMTESSE.
Au nom du ciel... je vous en supplie... partez... (Avec égarement.) Encore une fois pour moi... non! non!
LUCIEN.
Vous me chassez! vous semblez craindre pour moi... ces regards épouvantés... où donc est le danger? (La comtesse regarde encore malgré elle avec terreur la porte condamnée.) Encore! (Après un moment d'hésitation, Lucien court à la commode, l'enlève avec vigueur, et la pose contre la porte derrière laquelle est Bernardi.) Le danger est là. (Il s'adosse à la commode.) Vous pouvez parlez maintenant.

(Tout ce qui suit à voix basse.)
LA COMTESSE, rapidement.
Aucune femme ne peut sortir de cette maison, qui est gardée... Le général Moralfi est averti... il va venir... il me tuera!
LUCIEN.
Votre frère!
LA COMTESSE.
Il me tuera, vous dis-je!
LUCIEN.
Qui donc est venu?
LA COMTESSE.
Cet homme dont je vous parlais...
LUCIEN.
Par où?
LA COMTESSE.
Par là.
LUCIEN.
Par là! Enfonçons cette porte.
(Il fait un mouvement vers la commode; la comtesse l'arrête avec effroi.)
LA COMTESSE.
Il est là, armé!
LUCIEN, avec exaltation.
Vous sortirez! je vous le jure!
(Il sort en courant par le fond.)

SCÈNE XII.

LA COMTESSE, puis BERNARDI.

LA COMTESSE.
Que veut-il faire? (Elle tombe à genoux.) O mon Dieu! protégez-le! protégez-moi!... (On entend la clé tourner dans la serrure.) Mon Dieu! sauvez-moi!
BERNARDI, dont on aperçoit la tête à travers la porte entr'ouverte.
Il est parti!
LA COMTESSE, avec terreur, courant s'appuyer contre la commode.
N'entrez pas! n'entrez pas!
BERNARDI.
Otez ce meuble.
LA COMTESSE.
Oh! de la force! de la force!
(Elle soutient les efforts de Bernardi, qui crie:)
BERNARDI.
Ouvrez, ou vous êtes perdue!
LA COMTESSE.
Eh bien! je périrai ici!...
(En ce moment Bernardi disparait violemment, tiré en

arrière ; et derrière la porte on entend le bruit et les cris d'une lutte.)

LA COMTESSE.

Que se passe-t-il là ?... (Silence.) Plus rien !

SCÈNE XIII.

LUCIEN, LA COMTESSE.

LUCIEN, paraissant à la porte entr'ouverte.

C'est moi.

(Il pousse la porte et la commode.)

LA COMTESSE.

Vous !

LUCIEN, entrant dans la chambre avec le plus grand désordre.

Vous pouvez sortir maintenant !

LA COMTESSE.

Mais lui ?

LUCIEN.

Il n'est plus là !

LA COMTESSE.

Sauvée par vous !

LUCIEN, remontant au fond.

On vient... fuyez ! (Il la fait sortir par la porte de droite.) J'ai fait ce que j'ai dû.

SCÈNE XIV.

LUCIEN, LE GÉNÉRAL MORALFI, SOLDATS.

(Entrent un aide-de-camp et des soldats, qui se rangent au fond, puis le général, qui parcourt des yeux la chambre et vient à Lucien.)

MORALFI.

Vous êtes seul ici ?

LUCIEN.

Seul.

MORALFI.

Ce n'est pas vous que je cherche... Qui êtes-vous ?

LUCIEN.

Lucien Simon, ouvrier.

MORALFI.

Pourquoi si pâle, si agité !... pourquoi ce désordre ?... Vos vêtemens sont tachés de sang !...

LUCIEN.

Je n'ai rien à répondre.

MORALFI, aux soldats.

Assurez-vous de cet homme.

SCÈNE XV.

LA COMTESSE, rentrant de droite, MORALFI, LUCIEN.

LA COMTESSE.

Mon frère !

MORALFI.

Vous ici !

LA COMTESSE.

Pour notre honneur, seuls, seuls ! (Elle lui fait signe d'éloigner les soldats ; Moralfi hésite. — Montrant Lucien.) Il ne fuira pas, je vous jure.

LUCIEN, bas au général, tandis que les soldats sortent.

Je ne fuirai pas ; mais vous ne toucherez pas un cheveu de sa tête.

MORALFI, avec explosion.

Misérable ! (A la comtesse.) Répondez-moi, madame, quel droit a cet homme de parler ainsi ?

LA COMTESSE.

Mon frère, je vous en conjure...

MORALFI.

Cet homme est-il donc votre amant, madame ?

LUCIEN, présentant à Moralfi la lettre de la comtesse.

Lisez !

MORALFI, lisant.

« Soyez chez vous à midi... on veut vous y parler » devant votre mère. »

LA COMTESSE.

Par une cruelle erreur, j'avais compromis la vie de M. Lucien... vous le voyez... Je suis venue... Un misérable, Bernardi, qui me poursuit de son amour...

MORALFI, avec mépris.

Lui !

LA COMTESSE.

Il m'a surprise ici ; il a fait garder les issues... vous a fait avertir, pour me livrer au premier emportement de votre colère, si je ne voulais fuir avec lui... et avec des armes, il s'est tenu derrière cette porte... Ce jeune homme l'a su, et pour sauver votre sœur, il a frappé Bernardi.

MORALFI.

Vous avez fait cela, monsieur... mais la loi...

LUCIEN.

Je la connais.

LA COMTESSE, qui a écouté à la porte de droite.

On s'assemble autour du blessé... il va le dénoncer... Sauvez-le, mon frère !

MORALFI.

Je ne puis.

(Depuis quelques instans on entend battre une marche au dehors.)

SCÈNE XVI.

Les Mêmes, CHALUMEAU, CHARENÇON, avec un bonnet de police, un habit d'uniforme, et le sac sur le dos. Ils entrent par le fond.*

CHALUMEAU.

Tiens, tu as de la compagnie, pardon. (Reconnaissant le général et faisant le salut militaire.) Général !

MORALFI.

Que viens-tu faire ici ?

CHALUMEAU.

J'emmène les recrues pour le Portugal, et je venais dire adieu à Lucien, avec mon neveu que j'emmène.

MORALFI, à Charençon.

Vous êtes conscrit et vous partez ?

CHARENÇON.

Bien malgré moi...

MORALFI, ôtant à Charençon son bonnet de police et son sac qu'il donne à Lucien.

Prenez ce sac, partez à sa place... seuls, nous saurons.**

* La Comtesse, Moralfi, Charençon, Chalumeau, Lucien.
** La Comtesse, Lucien, Chalumeau, Charençon, le Général.

LA COMTESSE.

Sauvé ! oh ! merci !

LUCIEN.

Je serai digne de tant de générosité.

CHALUMEAU.

Toi avec moi, je ne sais pas pourquoi... mais bravo... avant deux ans c'est un officier.

(Le général l'appelle d'un signe et lui parle bas.)

LUCIEN, mettant un genou à terre devant la comtesse qui lui donne sa main.

Prenez soin de ma mère.

CHALUMEAU.

En route !

(Il sort, avec Lucien. Le général remonte jusqu'au fond, et quand ils sont partis, fait un geste d'autorité à la comtesse pour qu'elle sorte avec lui. Celle-ci, qui a paru chanceler au départ de Lucien, fait un effort pour suivre son frère, pendant que Charençon reste abasourdi à l'avant-scène à gauche.)

CHARENÇON.

Ah ça ! est-ce qu'ils croient que je vais rester tout seul ici ?

ACTE TROISIÈME.

Le théâtre représente la grande salle de l'auberge tenue par Ordonno, ouverte au fond et laissant bien voir le rivage, bordé de quelques rochers. A gauche au troisième plan, la grande porte qui conduit dans l'auberge. Au premier plan, la porte d'un pavillon. A droite de l'acteur, au premier plan, la porte d'une salle ; au troisième, une porte conduisant au jardin. Entre la grande porte et celle du pavillon, une grande table occupée par des buveurs. A droite, au fond, au devant de la porte du jardin, une seconde table également occupée.

SCÈNE I.

PABLO, ORDONNO, PÊCHEURS et PAYSANS ANGLAIS à table et buvant.

LES BUVEURS, frappant sur les tables.

Eh ! père Ordonno... père Ordonno !

ORDONNO, arrivant de l'intérieur.

Me voilà... me voilà... que voulez-vous ?

DEUXIÈME BUVEUR, à la première table.

Du porto... du valdepenas pour boire à l'Espagne, à Ferdinand !

TROISIÈME BUVEUR, à la seconde table.

Et nous une mesure d'eau-de-vie... la nuit a été étouffante.

ORDONNO, à Pablo qui entre.

Allons, paresseux, du porto... de l'eau-de-vie. (Pablo sort.) Dépêchez-vous, mes enfans, il est bientôt sept heures ; la retraite va battre, et vous savez que le major Prisdal n'aime pas qu'à la nuit on voie des feux à Sainte-Marie.

PREMIER BUVEUR.

Mais pourquoi donc ça, père Ordonno ?

ORDONNO.

Parce que les prisonniers qui sont en rade peuvent tâcher de s'échapper des Pontons à la nage, en se guidant sur les lumières qu'ils aperçoivent sur la côte... Allons, buvez vite...

DEUXIÈME BUVEUR.

Qu'est-ce qu'il dit donc, le père Ordonno ? est-ce qu'un prisonnier est sauvé quand il est ici ?

PREMIER BUVEUR.

Te souviens-tu, Henriquez, de celui qui s'était échappé des Pontons ? Par Saint-Jacques ! aussitôt que le coup de canon nous a eu avertis, nous l'avons traqué et poursuivi à coups de fouche dans les champs, ni plus ni moins qu'un renard.

(Pablo sort par la porte qui conduit au jardin.)

DEUXIÈME BUVEUR.

Ce sont mes deux chiens qui l'ont arrêté dans une pièce de blé... sans moi ils l'étranglaient.

PREMIER BUVEUR.

Ce n'aurait été qu'un mangeur de grenouilles de moins.

DEUXIÈME BUVEUR.

Il ne faut pas leur en vouloir de se sauver... il paraît que le major ne leur rend pas la vie agréable.

PREMIER BUVEUR.

Je crois bien; on disait qu'il serait bientôt fait général, parce qu'il en tue plus sur les Pontons qu'un bataillon en campagne.

DEUXIÈME BUVEUR.

Ah! bah, au fait, tant pis pour ces chiens qui se laissent prendre.

PABLO, rentrant et s'approchant de son père, à mi-voix.

Dites donc, mon père, vous ferez bien d'aller à la Roche.

ORDONNO.

Pourquoi?

PABLO.

J'ai aperçu tout à l'heure la voile de Richard-Passe-partout; il faut ouvrir le magasin secret.

ORDONNO, bas.

Veux-tu bien ne pas parler si haut... j'y vas aller tout à l'heure... à la retraite.

SCÈNE II.

LES MÊMES, BERNARDI, UN SERGENT.

LE SERGENT, venant du fond, à gauche.

Père Ordonno, avez-vous vu le major, ce soir?

ORDONNO.

Non, pas ce soir... Qu'est-ce que vous lui voulez donc, sergent?

LE SERGENT.

Il m'a dit de lui amener ce prisonnier français qui est au dépôt.

ORDONNO, regardant la mer, à droite.

Au fait, vous ne l'attendrez pas long-temps, car voilà son canot qui approche. (On entend battre la retraite.) Allons, voilà la retraite, mes amis.

PREMIER BUVEUR.

Vidons nos verres! (Ils se lèvent.) Dis donc, regarde là-bas ces nuages dans l'ouest, ça n'annonce pas une bonne nuit.

DEUXIÈME BUVEUR.

En attendant, c'est dommage de s'en aller, car voilà une bonne petite brise qui s'élève et il va faire meilleur ici qu'en dedans.

ORDONNO.

Au revoir, mes enfants!

LES BUVEURS.

Bonsoir, père Ordonno! (Ils sortent à gauche.)

ORDONNO.

Bonsoir! bonsoir! (A Pablo.) Rentre, toi, moi je vais à la Roche. (Haut.) Tenez, sergent, voici le major. (Il sort par la porte du jardin.)

SCÈNE III.

LE MAJOR, BERNARDI, LE SERGENT, suite du major, équipage du canot.

(Un canot, venant de la droite, amène le major et ses officiers. en même temps un peloton conduit par un officier arrive du même côté et fait halte sur le quai. A l'arrivée du major, Pablo a placé sur la table une lampe et ce qu'il faut pour écrire. Un officier porteur d'un registre se place à cette table. La scène est éclairée.)

LE MAJOR, débarquant, à un officier.

Ne perdons pas de vue la voile que nous venons d'apercevoir, et assurez-vous si c'est celle qui nous est signalée par nos agens, comme devant débarquer sans autorisation une Française sur la côte.

(L'officier sort.)

LE SERGENT, au major.

Major, voici le prisonnier que vous m'avez ordonné de vous amener.

LE MAJOR, s'asseyant et faisant signe au sergent de se retirer au fond.)

Bien! (A Bernardi qui vient de la gauche.) C'est vous, monsieur, qui m'avez écrit?

BERNARDI.

Oui, monsieur le major.

LE MAJOR.

J'ai lu les papiers que vous m'avez envoyés et que vous appelez vos titres de services. C'est vous qui, il y a douze ans, sous le nom de Torelli, avez livré un fort à nos troupes?

BERNARDI.

Oui, major.

LE MAJOR.

On vous a payé pour ça?

BERNARDI.

Oui, major.

LE MAJOR.

Eh bien! alors que voulez-vous?

BERNARDI.

Je croyais avoir quelques droits à ce qu'on voulût bien abréger ou du moins adoucir ma captivité.

LE MAJOR.

Monsieur, on a fait une affaire bonne pour nous, sale pour vous; on vous a payé votre perfidie, vous n'avez plus qu'à nous laisser tranquilles.

BERNARDI.

Mais, au lieu d'être retenu au dépôt, ne pourrais-je pas être prisonnier sur parole?

LE MAJOR.

Sur parole! vous avez trahi les Français, et vous voulez que chez nous on se fie à votre serment! Allons, vous êtes un mauvais plaisant, monsieur.

BERNARDI.

Monsieur le major, ayez pitié d'un homme qui a déjà prouvé son dévoûment à la cause généreuse que vous défendez.

LE MAJOR.

Au fait, pour vous je puis m'écarter de mes principes qui sont de ne jamais rendre à la France les prisonniers qui ont mis une fois le pied sur mes Pontons.

BERNARDI.

Les Pontons! mais j'aime encore mieux rester au dépôt.

LE MAJOR, se levant.

Écoutez donc, monsieur. Malgré l'activité de ma surveillance, quelques Français, par des prodiges d'audace, parviennent encore à s'échapper. Si j'avais à bord un homme de votre sorte qui me tînt au courant de toutes les tentatives d'évasion qu'il pourrait facilement connaître, étant prisonnier lui-même; cet homme-là, s'il rendait des services réels, au bout d'un an je pourrais le remettre en liberté, et en le renvoyant je ne m'adresserais pas le reproche d'avoir fait un riche cadeau à la France.

BERNARDI, après avoir réfléchi.

Permettez-moi une seule condition, monsieur le major, et j'accepte.

LE MAJOR.

Voyons la condition.

BERNARDI.

Parmi les prisonniers sur parole, il y en a un à qui j'ai voué une haine éternelle; promettez-moi de ne jamais le comprendre dans un cartel d'échange, de ne jamais souffrir qu'il revoie la France.

LE MAJOR.

Ce n'est que cela? Vous n'aurez qu'à me donner son nom, son grade, son régiment, et à moins que Napoléon ne fasse la paix avec nous, ce qui n'est guère probable, je vous jure que votre protégé laissera ses os ici.

BERNARDI.

Alors tout cela est conclu, monsieur le major, et vous serez content de moi. (Il lui tend la main.)

LE MAJOR.

Retirez donc votre main, monsieur.

LE SERGENT, se rapprochant.

Il y a là un prisonnier sur parole qui demande à parler au major.

LE MAJOR.

Faites attendre... Ce soir avant de ramener monsieur... (Montrant Bernardi.) au dépôt, vous le ferez souper chez Ordonno; demain, au point du jour, vous le conduirez aux Pontons! (A Bernardi.) Il est juste que je vous laisse le choix du bâtiment.

BERNARDI.

Celui que vous voudrez, pourvu que ce ne soit pas celui où se trouvent le sergent Chalumeau et le soldat Charençon.

LE MAJOR.

Pour vous répondre, il faut que je consulte mes états, attendu que sur les Pontons nous ne désignons les prisonniers que par des numéros. (L'officier lui présente le registre.) Ils sont sur le *Saint-Jean*... Vous les avez connus?... Ils ont été pris à la belle défense de la Corogne et vous ne faisiez pas partie de ce corps. D'ailleurs, les gens comme vous ne sont jamais parmi ceux qui se battent!... Vous étiez dans l'administration des vivres.

BERNARDI.

Il est vrai; mais il y a trois ans, ils ont pu me voir à Paris, et j'aime mieux ne pas me trouver avec eux.

LE MAJOR.

Soit. (Au sergent.) Vous conduirez monsieur à bord du *Trident*. Allez! (Bernardi et le sergent entrent dans l'intérieur de l'auberge.) Faites avancer le prisonnier.

SCÈNE VI.

LUCIEN, LE MAJOR, suite au fond.

LE MAJOR, à Lucien qui s'approche.

Que voulez-vous, monsieur?

LUCIEN.

Major, je viens vous demander de viser mon permis de séjour à Sainte-Marie.

(Il le lui présente.)

LE MAJOR.

Vous vous nommez?... (Il examine le permis.)

LUCIEN.

Lucien Simon, capitaine.

LE MAJOR.

Vous avez été fait prisonnier?

LUCIEN.

A la Corogne.

LE MAJOR, toujours examinant les papiers remis par Lucien.

Où avez-vous séjourné jusqu'à présent?

LUCIEN.

Au chef-lieu de la province, comme prisonnier sur parole, et sur ma demande on m'a accordé de venir sous la même condition séjourner à Sainte-Marie.

LE MAJOR.

Si près des côtes; c'est bien imprudent.

LUCIEN, fièrement.

Ne vous ai-je pas dit que j'étais prisonnier sur parole ?

LE MAJOR.

C'est juste... Renouvelez votre serment pendant que je signe. (Il va à la table.)

LUCIEN, la main étendue.

Sur l'honneur ! je m'engage à ne pas quitter l'arrondissement qui m'est fixé pour séjour !

LE MAJOR, lui remettant le papier.

Voici.

LUCIEN.

Oserai-je vous prier de vouloir bien m'indiquer sur cette côte l'auberge du Grand-Mogol.

LE MAJOR.

Vous y êtes.

LUCIEN.

Je vous remercie ! (Il pose son chapeau et sa capote, à droite, pendant qu'un lieutenant s'avance vers le major.)

LE LIEUTENANT.

Major, les renseignemens étaient exacts ; la voile aperçue était bien celle du contrebandier français Passe-Partout ; il vient d'aborder comme à l'ordinaire au Crique Saint-Nicolas, à un mille d'ici. On a vu une femme descendre de son bord.

LE MAJOR, se levant.

Quoique cet homme soit utile à notre commerce par ses exportations clandestines, cependant il sera puni de son infraction aux réglemens.

(Le major et ses officiers sortent par la gauche. Pablo vient enlever la lampe et l'encrier. — Nuit.)

SCÈNE V.

LUCIEN, puis un instant CHALUMEAU et CHARENÇON.

LUCIEN, regardant la mer.

La mer ! un vaisseau ! et je pourrais en quelques jours toucher les côtes de France ! La France ! ma mère ! quand vous reverrai-je ? Ah ! je suis dans un de ces instans de découragement dont les caractères les plus forts ne peuvent se défendre ! Ce que je regrette, ce ne sont pas mes projets détruits, ma carrière brisée... en trois ans capitaine ! je pouvais prétendre à tout... Tout à coup prisonnier ! relégué dans un pays où l'on trouve l'insulte et la haine jusque dans le silence ! Dans ma captivité, séparé de mes amis, dont l'un m'a aplani les premières difficultés de l'état militaire, dont l'autre, pour me suivre, a oublié ses répugnances contre la guerre... Et depuis plus de six mois pas de nouvelles !... Ma mère, déjà souffrante, comment aura-t-elle supporté mon malheur ?... comment vit-elle, maintenant que je ne peux plus lui envoyer ma solde ?... Mon Dieu ! fallait-il que tant de nouveaux chagrins vinssent se joindre au fatal amour qui me poursuit et me dévore lentement ! Maintenant que je suis condamné à l'inaction, maintenant que je ne puis plus franchir aucun point de l'espace qui me sépare d'elle !...

(Il tombe dans un profond accablement. — On voit Chalumeau et Charençon dans le fond, venant de la droite, sortir de la mer en s'accrochant aux rochers.)

CHALUMEAU, sortant le premier et aidant son neveu.

Allons donc, sacrebleu ! tu es une poule mouillée !

CHARENÇON.

Mon oncle Chalumeau, mouillé... oui ! poule... non ! Écoutez donc, du Ponton ici, il y a une bonne lieue.

CHALUMEAU.

Tu n'as pas perdu ton sac ?

CHARENÇON.

Non mon oncle Chalumeau, il est solide sur mes épaules.

CHALUMEAU.

La bouteille de cirage n'est pas cassée ?

CHARENÇON.

Non, mon oncle Chalumeau.

CHALUMEAU.

Alors, bon espoir !... Silence !... (Montrant du côté de Lucien.) il y a du monde là ! Nous n'avons encore fait que la moitié de la besogne ; il ne faut pas qu'on nous voie comme cela. Filons derrière quelque rocher.

CHARENÇON.

Oui, mon oncle Chalumeau.

(Ils disparaissent en rampant derrière les rochers, à gauche.)

LUCIEN, se levant.

Allons, un peu d'énergie !... j'ai obéi à ces avis mystérieux qui m'engageaient à solliciter un changement de résidence et à venir me loger à l'auberge du Grand-Mogol... le dernier billet était plus pressant encore... Appelons, peut-être saurai-je ! Holà ! quelqu'un...

SCÈNE VI.

LUCIEN, ORDONNO, venant du jardin.

ORDONNO.

Voilà ! voilà !

LUCIEN.

Le maître de la maison.

ORDONNO.

C'est moi, monsieur.

LUCIEN.

Monsieur, je viens loger chez vous, d'après des avis que l'on m'a fait parvenir.

ORDONNO, mystérieusement.

Chut !

LUCIEN.

Qu'y a-t-il donc ?

ORDONNO.

Ces avis, c'est moi...

LUCIEN.

Vous me connaissez ?

ORDONNO.

Pas le moins du monde.

LUCIEN.

Alors, qui donc ?

ORDONNO.

Il ne ferait bon ni pour lui ni pour moi, si l'on apprenait que nous sommes en communication avec des prisonniers, nous serions ruinés.

LUCIEN.

Qui, lui ?

ORDONNO.

Richard-Passe-Partout.

LUCIEN.

Richard, il s'est souvenu de moi !

ORDONNO.

J'ai eu assez de peine à l'empêcher de faire des imprudences.

LUCIEN.

Il est en France ?

ORDONNO.

Pas maintenant.

LUCIEN.

Où donc ?

ORDONNO.

Il est arrivé ce soir.

LUCIEN.

Oh ! que je le voie.

ORDONNO.

Tout à l'heure... si vous voulez rentrer.. aussitôt qu'il viendra, je vous ferai prévenir.

LUCIEN, rentrant.

Des nouvelles de ma mère ! oh ! je ne dois plus me plaindre.

(Il entre dans la première porte à droite.)

ORDONNO, un instant seul.

Il était temps de le faire rentrer, car j'aperçois Richard avec sa mystérieuse voyageuse... Le magasin sous la roche est ouvert... Il veut être seul... laissons-le jusqu'à ce qu'il appelle.

(Il rejoint Lucien.)

SCÈNE VII.

LA COMTESSE, RICHARD.

(Ils entrent par le fond à droite. Richard porte une valise et un sac de nuit.)

RICHARD.

Madame, nous voilà quittes ; vous m'avez bien payé, et moi j'ai promis de vous rendre saine et sauve à Sainte-Marie.

LA COMTESSE.

J'ai cependant encore un service à vous demander ; je ne veux m'arrêter ici que le temps de me procurer une voiture et des chevaux de poste.

RICHARD.

Vous pouvez avoir cela dans une demi-heure.

(Il appelle, Pablo se présente à la porte, Richard lui donne les paquets et lui transmet à voix basse les ordres de la comtesse.)

LA COMTESSE, à part.

A chaque pas croissent ma confiance et mon courage. Oui, j'accomplirai la mission que j'ai entreprise ; oui, je rendrai le repos, l'honneur peut-être à la famille dont j'ai fait le malheur. Ces lettres qu'il écrivait à sa mère son unique confidente, ces lettres qui attestent un si profond et si sincère amour, rendent sans doute mon dévoûment moins désintéressé ; mais je serai à la hauteur de ce noble cœur.

RICHARD, à qui Pablo a indiqué le pavillon de gauche.

Madame, voici un pavillon où vous pourrez vous reposer quelques instans, vos effets vont être mis immédiatement dans la voiture et les chevaux seront bientôt ici. Je ne vous suis plus utile à rien, madame ?

(Pablo est sorti par le fond à gauche avec les paquets.)

LA COMTESSE.

Pour le moment, je vous remercie ; mais où pourrai-je vous retrouver ?

RICHARD.

Par état et par caractère, je suis assez difficile à saisir ; le plus sûr est de mettre la main sur moi lorsqu'on me tient.

LA COMTESSE, à mi-voix.

Je pars pour Grenade, de là il faut que j'aille à Madrid pour faire quelques recherches ; si tout me seconde, dans quinze jours je puis me retrouver ici ; peut-être alors n'aurai-je à vous demander qu'un passage qui ne demandera aucun secret ; mais peut-être, et je le crains, serai-je obligée de vous prier de favoriser l'évasion d'un ou de deux prisonniers.

RICHARD.

Ne parlons pas de cela, madame, c'est impossible.

LA COMTESSE.

Oh ! ne me refusez pas !

RICHARD.

Vous avez trop de confiance en moi pour que je ne me fie pas à vous. Je suis contrebandier ; par intérêt j'introduis en France des marchandises prohibées, et par patriotisme, j'introduis des marchandises françaises en Espagne. Des deux côtés on favorise mes exportations sans trop m'inquiéter pour mon retour ; mais si l'on apprenait que je favorise des évasions, je pourrais bien n'être pas pendu, c'est vrai ; mais adieu mon commerce, je serais ruiné.

LA COMTESSE.

Pourquoi ruiné ? je suis veuve ; maîtresse d'une fortune que je suis prête à sacrifier pour le succès de mon entreprise. Si, pour vous indemniser, 30, 40, 50,000 fr. sont nécessaires, je puis vous les donner, car je ne sais quoi me dit que par vous je puis réussir.

RICHARD.

Ecoutez, madame, je ne dis pas non, si mes associés veulent se contenter de ce que vous donnerez ; je sais bien que le métier que je fais n'est pas honnête et, ma foi, en sortir en faisant une bonne action, c'est tentant.

LA COMTESSE.

Vous promettez ?

RICHARD.

A peu près.

LA COMTESSE.

Dans quinze jours ici !

RICHARD.

Va pour dans quinze jours.

LA COMTESSE.

Je rentre un moment ; aussitôt que les chevaux seront prêts, avertissez-moi.

RICHARD.

Oui, madame.

SCÈNE VIII.

RICHARD, LUCIEN. Au moment où la comtesse entre dans le pavillon de gauche, il sort de la salle à droite.

LUCIEN.

Ce garçon en rentrant vient de répondre à mes questions... (Apercevant dans l'obscurité Richard qui revient de la gauche.) Je ne me trompe pas, Richard ! c'est vous.

RICHARD.

Lucien ! (Se reprenant.) Capitaine Lucien.

LUCIEN.

Vous avez vu ma mère ?

RICHARD.

Toutes les fois que je vais à Paris.

LUCIEN.

Vos mains ! vos mains ! car elle les a pressées.

RICHARD.

Elle a même pleuré dessus.

LUCIEN.

Pleuré, ma pauvre mère !

RICHARD.

Ah ! je vois bien cela ! quand elle vous savait utile à votre pays, quand elle apprenait vos belles actions, vos grades nouveaux, elle pouvait bien supporter votre absence. Mais maintenant qu'elle vous sait prisonnier, au milieu d'étrangers, malheureux...

LUCIEN.

Malheureux des privations qu'elle doit souffrir.

RICHARD.

Ah ça ! vous auriez tort ; car son petit ménage, chaque fois que j'arrive, me paraît plus à son aise. C'est un grand fauteuil de plus, une cafetière d'argent, un tapis...

LUCIEN.

Et qui donc ?

RICHARD.

Ah ! la bonne chère dame est discrète, elle parle seulement quelquefois d'un bon ange que je n'ai jamais vu, mais que vous pourriez bien connaître vous ?

LUCIEN.

Grand Dieu, serait-ce ? Oh ! oui, ce ne peut être qu'elle, elle dont je me croyais oublié. Ah ! j'avais tant d'amour, faut-il encore de la reconnaissance !

RICHARD.

Je ne peux pas vous dire si c'est elle ; il paraît que cela vous rendrait bien content... mais les autres nouvelles ne sont pas aussi bonnes.

LUCIEN.

Quoi donc ?

RICHARD.

A mon dernier voyage, je trouvai votre bonne dame de mère fort agitée ; à mes questions elle ne répondit que d'une manière évasive... c'est juste, je n'avais pas le droit... je ne sais pas vos secrets, moi... Un jour, en entrant, je me rencontrai nez à nez avec un Anglais qui sortait de chez elle, et en la saluant, il lui disait : Il est de mon devoir de faire connaître l'innocence du colonel... Ce jour-là, madame Simon était encore plus agitée qu'à l'ordinaire.

LUCIEN.

L'innocence du colonel !

RICHARD.

Enfin, mon brave capitaine, je tourne là autour du pot pour vous dire qu'à ce voyage je n'ai pas trouvé votre mère bien.

LUCIEN.

Grand Dieu ! ne me cachez rien, morte peut-être ?

RICHARD.

Non, non ! je vous assure ; mais pas bien. Quand je lui ai parlé de vous, quand je lui ai dit que j'avais découvert où vous étiez, que je vous verrais peut-être à ce voyage, je ne pouvais plus la consoler, elle pleurait, elle sanglotait... « Et moi ! moi ! s'écriait-elle, je ne le verrai plus, je ne vivrai pas assez pour cela ! » Et elle recommençait à sangloter.

LUCIEN.

Oh ! ma mère ! ma mère ! il faut que je la revoie.

RICHARD.

Ah ! ce serait le meilleur moyen de la rendre à la vie.

LUCIEN.
Prières, humiliations, rien ne me coûtera, je la verrai.
RICHARD.
Silence! le major qui rentre de son inspection. J'ai intérêt à ce qu'il ne me voie pas.
LUCIEN.
Et moi je vais à lui. (Richard se cache.)
(Lucien va à la rencontre du major, et se trouve sur son passage au moment où il arrive au milieu de la scène.)

SCÈNE IX.
LES MÊMES, LE MAJOR, Suite.

(Le major, les officiers et le peloton traversent la scène au fond, de gauche à droite. Lucien arrête le major de la voix.)

LUCIEN.
Major, un mot, de grace!
LE MAJOR.
Que voulez-vous, monsieur?
LUCIEN.
J'ai prêté serment de ne pas chercher à m'évader : voulez-vous recevoir celui d'être ici dans quinze jours, si vous me permettez d'aller en France?
LE MAJOR.
D'aller en France?
LUCIEN.
Jamais plus grand bonheur.
LE MAJOR.
Je ne suis pas ici pour faire votre bonheur.
LUCIEN.
Major, ma mère est souffrante, près de mourir peut-être...
LE MAJOR.
Pour obtenir ce que vous demandez, il y a des prisonniers qui m'annonceraient par semaine trois ou quatre pères à l'agonie.
LUCIEN.
Major, voici ma croix, je viendrai la reprendre.
LE MAJOR.
Monsieur, nous ne sommes plus au temps où les Espagnols mettaient en gage leur moustache. Si vous m'offriez une caution de cinq mille piastres, alors je pourrais voir.
LUCIEN.
Mais, major, simple capitaine, prisonnier sans fortune...
LE MAJOR.
A cela, monsieur, je n'ai rien à répondre.
(Il sort avec sa suite.)

SCÈNE X.
LUCIEN, RICHARD, puis PABLO.

LUCIEN.
Refusé! refusé avec hauteur! ô rage!

RICHARD.
Parbleu, si vous m'aviez dit ce que vous alliez faire, je vous l'aurais bien prédit.
LUCIEN.
Cinq mille piastres! Ainsi il faut de l'or pour aller recevoir les derniers adieux de sa mère.
RICHARD.
Cinq mille piastres. Mon bateau, mes marchandises et moi, nous en valons bien huit cent cinquante.
LUCIEN.
Oh! en ce moment je comprends l'envie qu'on porte aux riches.
RICHARD.
Si je menaçais Ordouno de le dénoncer et moi avec lui!
LUCIEN, avec désespoir.
Il faut se faire tuer, il ne faut jamais se rendre.
PABLO, entrant.
Monsieur Richard, les chevaux de poste sont arrivés pour cette dame.
RICHARD, se frappant le front et lui sautant au cou.
Oh! notre sauveur! notre sauveur!
PABLO.
Qu'est-ce que vous avez donc?
RICHARD.
Je te dis que tu es notre sauveur! Avertis cette dame.
PABLO, allant vers le pavillon de gauche.
Ah ça! j'espère que l'associé de mon père ne devient pas enragé. (Il entre dans le pavillon.)
LUCIEN.
Qu'est-il donc arrivé?
RICHARD.
Ah! il veut cinq mille piastres!... Une dame que j'ai amenée de France... elle veut sauver un prisonnier qu'elle aime, la chère dame... elle m'a promis... Ah! il veut cinq mille piastres!

SCÈNE XI.
LUCIEN, RICHARD, LA COMTESSE.

RICHARD, allant vivement à la comtesse.
Madame, vous rappelez-vous ce que vous me disiez tout à l'heure?
LA COMTESSE.
Je me le rappelle très bien.
LUCIEN.
Quelle voix!
RICHARD.
Vous m'avez dit : Je suis veuve, maîtresse de ma fortune...
LA COMTESSE.
Et je suis prête à la sacrifier pour sauver...
LUCIEN, se précipitant vers elle.
Vous, madame!

LA COMTESSE.

Lucien !

RICHARD.

Moi qui croyais leur faire faire connaissance !

LUCIEN.

J'ai tâché de grandir en honneur pour être digne de vous.

LA COMTESSE.

J'ai tâché de m'acquitter en vous remplaçant près de votre mère.

LUCIEN.

Elle souffre et je ne puis la voir.

LA COMTESSE.

Je venais vous chercher.

LUCIEN.

Pour un mois de liberté ils demandent une caution de cinq mille piastres.

LA COMTESSE.

Voulez-vous les accepter de moi ?

(Elle lui donne des billets de banque.)

LUCIEN.

De vous ! oh ! oui, car je veux tout vous devoir ! ma mère ! ma mère et vous ! mon Dieu ! que de bonheur !

LA COMTESSE.

Oh ! ce n'est pas tout encore, le colonel Simon, votre père...

LUCIEN.

Mon père ?

LA COMTESSE.

Tout me fait espérer qu'il n'est pas mort.

LUCIEN.

Que dites-vous ?

LA COMTESSE.

Et que je puis lui rendre l'honneur.

LUCIEN.

Oh ! mais je rêve ! je rêve !

LA COMTESSE.

Non, mon ami ; dans une des dernières batailles livrées en Espagne, parmi les prisonniers se trouva un officier anglais, que l'on me dit avoir assisté aux premiers combats qui eurent lieu dans la Péninsule. Je le vis, je l'interrogeai ; c'est à lui qu'a été livré le fort commandé par le colonel Simon ; mais votre père fut victime de la lâche trahison de Torelli.

SCÈNE XII.

LES MÊMES, BERNARDI.

BERNARDI, s'arrêtant sur le seuil de la grande porte.

Mon nom !

LA COMTESSE.

Cet officier le déclara hautement, le répéta à votre mère ; il m'indiqua les moyens de me faire délivrer des preuves à Madrid.

LUCIEN.

L'honneur rendu à mon père !

LA COMTESSE.

Il m'apprit que l'infortuné colonel avait été d'abord envoyé à Grenade, et c'est là que je vais chercher ses traces.

LUCIEN.

Tandis que moi je cours offrir la somme que vous m'avez confiée pour voler dans les bras de ma mère !

BERNARDI, à part.

Lui ! il partirait !

(Il rentre. On entend le postillon qui fait claquer son fouet.)

LA COMTESSE.

Ecoutez, déjà on m'attend.

RICHARD.

Si vous voulez voir le major ce soir...

LUCIEN.

Nous quitter !

LA COMTESSE.

Pour nous revoir bientôt.

LUCIEN.

Et ne plus nous séparer ?

LA COMTESSE, lui tendant la main.

Je l'espère, mon ami.

LUCIEN, la reconduisant.

Adieu, je vais parler de vous à ma mère.

(Il lui adresse les derniers adieux en sortant par la gauche en dehors, et l'on entend rouler la voiture qui emmène la comtesse.)

RICHARD.

Il n'est pas dégoûté le capitaine... jolie, riche et bonne.

LUCIEN.

Je vais porter ma caution, Richard, mon bon Richard, vous qui me l'avez fait retrouver. Oh ! je n'ai jamais été si heureux.

(Il sort à droite par le fond.)

RICHARD.

Moi, je vais préparer mon canot.

(Il suit Lucien.)

BERNARDI, sortant de l'auberge avec le sergent, et remettant un papier à un garçon.

Portez ceci au major et arrivez avant cet officier qui court là-bas !

(Le garçon sort en courant.)

LE SERGENT.

Nous avons bien soupé, si vous voulez me suivre.

BERNARDI.

Je suis prêt et je dormirai bien, car ma vengeance commence.

SCÈNE XIII.

CHALUMEAU et CHARENÇON, teints en nègres. Ils entrent avec précaution de derrière les rochers.

CHARENÇON.
Il n'y a plus personne, mon oncle Chalumeau.

CHALUMEAU.
Mille tonnerres! si tu vas recommencer à m'appeler ton oncle Chalumeau, je t'étrangle... Tu ne vois pas que nous sommes des nègres, animal, et que dans notre pays sauvage, on ne connait ni oncle, ni Chalumeau. Je t'ai enseigné, pour mieux imiter le langage noir, à toujours dire : Bon blanc, moi vouloir... bon blanc vous dire route à moi. Comprends-tu, imbécile?

CHARENÇON.
Oui, oncle Chalumeau à moi, moi comprendre.

CHALUMEAU, le prenant à la gorge.
Tu le fais donc exprès?

CHARENÇON.
Vous prendre garde! vous prendre garde, oncle Chalumeau, à moi... cirage tout frais... cirage pas sec.

CHALUMEAU.
C'est vrai, mais aussi, sacrebleu! fais donc attention. Si tu dis bien : moi aller... moi venir... tête à moi... ventre à toi, tout le monde dira : C'est un nègre; quand même tu dénoircirais, si tu parles bien, on dira toujours : C'est un nègre, seulement il n'est pas bon teint.

CHARENÇON.
Moi vouloir... moi pas savoir.

CHALUMEAU.
Très bien!.. Écoute-moi, maintenant; nous allons accourir d'un air effaré en criant au secours... nous dirons que nous venons d'Amérique, que le bâtiment où nous étions a échoué à une lieue d'ici, que notre chaloupe étant brisée, nous sommes venus à la nage... comprends-tu?

CHARENÇON, très attentif.
Oui, oncle Chalumeau à moi.

CHALUMEAU, furieux.
Tiens, vois-tu... Enfin!... tu me paieras cela plus tard... On nous demandera ce que nous voulons, nous dirons : Bateau! bateau! pour sauver matelots! dix matelots restés sur banc de sable avec bâtiment à nous.

CHARENÇON.
Avec bâtiment à nous, oui, oncle Chalumeau à moi.

CHALUMEAU.
Comme on s'attendra à trouver dix matelots, on ne nous donnera qu'un ou deux hommes dans le bateau... suis-moi bien; une fois à deux portées de fusil d'ici, nous jetons à la mer un des hommes et le pistolet sur la gorge nous forçons l'autre à nous conduire en Afrique... Allons, voilà une cloche... y es-tu? sonnons et crions... surtout ne dis pas un mot, et laisse-moi parler.

CHARENÇON.
Oui, oncle Chalumeau à moi.

CHALUMEAU, lui donnant un coup de pied.
Crie donc, animal!

CHARENÇON.
Ho là! ho là! là!

CHALUMEAU, sonnant la cloche.
Secours à nous! secours à nous!

CHARENÇON.
Secours à nous! secours à nous!

SCÈNE XIV.

LES MÊMES, ORDONNO, sortant de la salle à droite.

ORDONNO.
Qu'est-ce que ce bruit?

CHALUMEAU.
Barque à nous, bon blanc, barque à pauvre noir!

CHARENÇON.
Barque à pauvre noir, bon blanc!

CHALUMEAU.
Bâtiment à nous noyé là-bas... là-bas... nous venir d'Amérique... dix matelots là-bas... mouillés... attendre nous... barque à nous tout de suite.

ORDONNO.
Ah! les malheureux! Par ce mauvais temps votre bâtiment a échoué sur le banc?

CHALUMEAU.
Barque à nous, tout de suite, bon blanc... là-bas... matelots.

CHARENÇON.
Là-bas, matelots, trempés... comme soupe... barque tout de suite, bon blanc.

ORDONNO.
Je cours prévenir Juan.

SCÈNE XV.

LES MÊMES, RICHARD, revenant du fond à droite et se heurtant contre Ordonno qui veut sortir.

RICHARD.
Cré coquin! trois soldats à bord de mon sloop.

ORDONNO.
Pourquoi?

RICHARD.
Pour avoir débarqué une Française.

ORDONNO.
Ah! diable!

CHALUMEAU et CHARENÇON.
Barque à nous! barque à nous!

ORDONNO.
Des naufragés... je cours chercher Juan.
(Il sort par la droite.)

SCÈNE XVI.

LES MÊMES, excepté ORDONNO.*

RICHARD.
Pauvre Lucien, qui croyait partir tout de suite !
CHARENÇON.
Chaloupe à nous tout de suite...
CHALUMEAU, à part, de l'autre côté.
Le misérable, il va dire quelque sottise.
CHARENÇON.
Nous partir... nous en aller notre camp, vite, vite !
RICHARD, à Charençon.
Est-ce que par ce temps-là, vous aviez gardé vos huniers?
CHARENÇON.
Chaloupe ! barque ! bateau !
RICHARD.
Je vous demande si vous aviez gardé vos huniers?
CHARENÇON.
Nix, pas comprenir.
RICHARD, à part.
C'est singulier, ce nègre a l'accent d'un Champenois qui parle allemand.
CHALUMEAU, à part.
Ce diable d'homme m'inquiète. (Haut, d'un ton lamentable.) Matelots noyés, si barque pas venir.
RICHARD, examinant Charençon, à part.
C'est étonnant pour un nègre, comme il a le nez pointu. (Haut.) Êtes-vous de la Martinique ou de Boston?
CHALUMEAU, à Charençon.
Camarade à moi... venir...
(Il lui fait signe de laisser là Richard.)
CHARENÇON.
Oui, oncle Chalumeau à moi.
RICHARD.
Ce sont des Français... ce nom de Chalumeau... Lucien, m'a souvent parlé... Leur plan est bon. (Allant vivement à Chalumeau, et à mi-voix.) Vous vous sauvez des Pontons?
CHALUMEAU.
A moi, Charençon ! étranglons-le.
RICHARD.
Un instant, amis. Lucien est ici.
CHARENÇON.
Lucien !
CHALUMEAU.
Le capitaine ! vous le connaissez?
RICHARD.
Vous a-t-il parlé quelquefois de Richard...

* Charençon, Richard, Chalumeau.

CHALUMEAU.
Passe-Partout?
RICHARD.
Juste.
CHALUMEAU.
C'est vous?
RICHARD.
Silence ! quelqu'un s'avance rapidement par ici... ne nous montrons pas.

SCÈNE XVII.

LES MÊMES, LUCIEN, venant du fond à droite.*

LUCIEN, furieux.
Lâche tyran ! il pose une condition ; je l'accomplis, et il me repousse... sans vouloir s'expliquer.
RICHARD, bas à Chalumeau et à Charençon.
C'est lui, c'est Lucien. Attendez un moment. (Allant à Lucien.) Eh bien ! il a dit non ?
LUCIEN.
L'infâme !
RICHARD.
Passez-vous de lui.
LUCIEN.
Comment ?
RICHARD, faisant signe à Chalumeau et à Charençon de s'approcher.
Voilà deux amis qui vous aideront.
CHALUMEAU.
Ne fais pas attention à la couleur...
LUCIEN.
Chalumeau !
CHARENÇON.
Et Charençon !
LUCIEN.
Mes amis, mes bons amis ! mais ce déguisement ?...
CHALUMEAU.**
Va nous sauver... on nous croit naufragés... on nous amène une barque. Libres, mon ami, libres !
CHARENÇON.
En France !
LUCIEN, tristement.
En France !
RICHARD, du fond.
J'aperçois le canot; partez avec eux.
CHALUMEAU et CHARENÇON.
Viens...
LUCIEN.
O mon Dieu !
RICHARD.
Dépêchez, au rivage.
LUCIEN.
Je ne puis.

* Lucien, Richard, Charençon, Chalumeau.
** Charençon, Lucien, Chalumeau, Richard derrière eux.

ACTE III, SCÈNE XIX.

CHALUMEAU.
Pourquoi?
LUCIEN.
Ma parole!
RICHARD.
Je la rendrai au major.

(On aperçoit Ordonno dans la barque, au fond.)

SCÈNE XVIII.

LES MÊMES, ORDONNO.

CHALUMEAU.
Ils approchent... Je t'entraîne!...
LUCIEN, se dégageant.
Je serais un lâche!... Non!... non!
CHALUMEAU.
Et ton régiment!
RICHARD.
Et les épaulettes à graines d'épinards!
CHARENÇON.
Et ta mère!
ORDONNO, appelant.
Nous voilà! nous voilà! arrivez...

(La barque arrive.)

LUCIEN.
Partez! partez!
CHALUMEAU.
Sans toi!
LUCIEN.
A mes amis, à ma mère! vous direz que je suis un homme d'honneur!

(Il les conduit vers la barque.)

CHALUMEAU.
Adieu donc! sacrebleu!
CHARENÇON, pleurant.
Adieu, Lucien!
LUCIEN.
Hâtez-vous! hâtez-vous! (Coup de canon.) Qu'est-ce que cela?
ORDONNO.
Un prisonnier évadé. (Deuxième coup de canon.) Deux! (Chalumeau va s'élancer. Ordonno pousse la barque au large.) Un instant, vous êtes deux aussi... vous pourriez bien...
RICHARD, l'appelant pendant qu'il s'éloigne.
Ordonno, mon ami, Ordonno!... Il s'éloigne... il ne répond pas!
LUCIEN.
Perdus! perdus pour avoir voulu m'attendre...
CHALUMEAU.
Mille tonnerres! retomber dans leurs mains!
LUCIEN, regardant à droite.
On sort de l'état-major.
CHARENÇON.
Oh! les Pontons! les Pontons!

RICHARD, vivement.
Il y a encore un moyen... (Ils se groupent autour de lui.) A trois cents pas d'ici une grosse roche, au dessous du côté du couchant, une pierre blanche, derrière la pierre un anneau caché sous l'herbe : tirez, c'est notre magasin... cachez-vous y..., Ordonno ne vous dénoncera pas... il y perdrait trop... demain... vous avez compris?
CHALUMEAU et CHARENÇON.
Oui! oui!
RICHARD.
Voici le major, fuyez...
LUCIEN, les suivant.
Adieu! adieu!
RICHARD, le retenant.
Arrêtez!... on vient!... rentrons.

(Charençon et Chalumeau se retirent dans le couloir qui conduit au jardin ; Lucien à l'extérieur, à droite ; Richard dans l'auberge.)

SCÈNE XIX.

LES MÊMES, LE MAJOR, ORDONNO, tous venant de la droite, puis LES PÊCHEURS du commencement de l'acte, HABITANS de Sainte-Marie, armés et portant des torches. — Jour.

LE MAJOR, entrant, avec colère.
Deux prisonniers échappés! malédiction!
ORDONNO.
Je crois les avoir vus, deux hommes, deux nègres!
LE MAJOR.
Deux nègres!

(Cris au dehors, des pêcheurs armés ramènent Charençon et Chalumeau.)

UN PÊCHEUR.
Deux naufragés!
CHALUMEAU.
Bons blancs... barque à nous.
CHARENÇON.
Nous vouloir partir, bons blancs!
ORDONNO.
Ce sont nos deux hommes.

(Le major donne à voix basse un ordre au sergent qui entre dans l'auberge.)

LE MAJOR.
Qui êtes-vous?
CHALUMEAU.
Pauvres matelots!
CHARENÇON.
Américains d'Afrique.
LE MAJOR, au sergent qui entre.
Saisissez ces deux hommes et exécutez mes ordres!

(On saisit Chalumeau et Charençon. Les soldats les entourent.)

CHALUMEAU, se débattant.

Moi, nègre, mille tonnerres de Dieu !

CHARENÇON.

Moi, nègre, n'est-ce pas, oncle Chalumeau à moi ?

LE MAJOR, au lieutenant.

Faites préparer un canot pour aller au *Saint-Jean* ; à partir de demain, j'y place mon pavillon, et malheur à cette audacieuse race !

LE SERGENT, présentant Chalumeau et Charençon.

Voilà, major.

(On a lavé la moitié de leur figure, à Charençon la moitié supérieure, à Chalumeau la moitié du côté gauche.)

LE MAJOR.

Vous paierez cher cette extravagante tentative.

LUCIEN, que Richard s'efforce en vain de retenir.

Major, vous n'avez voulu entendre ni la pitié ni la justice, je viens vous redemander ma parole !

LE MAJOR.

Et si je vous la rends, monsieur, qu'espérez-vous ?

LUCIEN.

Partager les malheurs et les espérances de ces infortunés !

LE MAJOR.

Vous voulez goûter des Pontons, monsieur ; je vous déclare que toute ma surveillance sera sur vous.

LUCIEN.

Je vous déclare que toute mon énergie sera employée à nous affranchir de votre tyrannie.

LE MAJOR.

Ma haine vous porte un défi.

LUCIEN.

Ma haine l'accepte.

(Le major passe devant Lucien et va signer un ordre sur la table. Un officier lui présente la plume, puis il remet cet ordre au sergent pour l'exécuter. Les gardes font un mouvement pour saisir les Français et les conduire aux Pontons.)

ACTE QUATRIÈME.

Entrepont du Ponton le *Saint-Jean* ; sabords grillés au fond. A droite, porte communiquant avec la partie du bâtiment occupée par l'état-major ; à gauche, porte de l'escalier, communiquant avec le pont et les autres parties du vaisseau. Sur les parois de droite et de gauche, meurtrières. Au plafond et au plancher trappes appelées écoutilles, par lesquelles on communique du pont à la cale. Des hamacs suspendus sur plusieurs rangs et où sont couchés des prisonniers occupent tout le fond de la scène. D'autres sont couchés à terre, quelques uns seulement ont des lambeaux de couverture. Les vêtemens des prisonniers annoncent leur profonde misère et leurs grandes souffrances.

A droite, sur le premier plan, à terre, est couché Bernardi ; à gauche, le colonel : au milieu, près l'écoutille, Lucien.

SCÈNE I.

BERNARDI, LUCIEN, LE COLONEL. Dans les hamacs du fond, GIROMON, CHARENÇON, CHALUMEAU, PRISONNIERS endormis.

BERNARDI, se soulevant sur son coude.

Je ne puis dormir ; la crainte, je crois, me tient éveillé... Transporté ici pour avoir trop bien servi le major sur l'autre Ponton, je suis en présence de tous ceux que je hais... De Lucien et de tous ceux qui lui sont dévoués, je n'ai rien à redouter que leurs mépris ! Mais ce colonel que je retrouve ici sous un nom qui n'est pas le sien, si sa raison obscurcie par tant d'années de captivité lui rappelait un jour le passé, s'il me reconnaissait, s'il disait mon premier nom, plus de doute alors, Lucien reconnaîtrait son père, près duquel il est depuis deux mois sans le savoir, et je serais perdu...

LE COLONEL, se levant sur son séant, avec un air égaré.

Parisien ?

BERNARDI.

C'est le colonel qui parle.

LUCIEN.

Vous ne dormez pas, colonel ?

LE COLONEL.

Mon pauvre Parisien !

LUCIEN, à part.

Laissons lui ignorer qu'il n'existe plus.

LE COLONEL.

J'ai froid.

LUCIEN.

Remettez-vous... (Se levant.) voici une couverture. (Il le couvre de la sienne.)

LE COLONEL.

Vous n'êtes pas Parisien !

LUCIEN.

Non ; mais je serai pour vous ce qu'il était, je vous servirai, je vous aimerai !

LE COLONEL, le regardant fixement.

Vous !... Ah ! (Il retombe sur sa paille.)

LUCIEN, le regardant.

Il repose pour un moment; tâchons de trouver encore quelques instans l'oubli de tous nos maux!

(Lucien revient se coucher sur sa nate et s'endort.)

BERNARDI.

Ils se taisent et se rendorment. Cette lettre que le Parisien m'a remise pour le colonel, à l'hôpital où il est mort, à côté de moi... je n'ai pas pu encore la lire.... Approchons-nous de cette lumière. (Il se lève et s'approche d'un fanal suspendu au plafond et parcourt la lettre.) Oh! oh! un projet d'évasion... ceci est de ma compétence. (Il lit.) « Depuis dix-
» huit mois, sans vous le dire, je travaillais à vo-
» tre fuite... Tout était prêt... les barreaux du
» troisième sabord de la batterie sont sciés... On
» vous laisse toujours seul dans la batterie pen-
» dant que les autres prisonniers montent sur le
» pont, et vous n'êtes pas compris dans l'appel...
» Vous passerez par ce sabord, non loin
» de la guérite des sentinelles de nuit... Durant le
» jour on ne pose pas de sentinelle dans cette gué-
» rite, vous pourrez donc vous y blottir jusqu'à la
» nuit. La nuit, à l'aide d'une corde que vous trou-
» verez dans l'épaisseur de la muraille du navire,
» près du piton, vous descendrez le long du bord...
» vous vous mettrez à la nage, et en une demi-
» heure, vous arriverez à Sainte-Marie. » (Réfléchissant après avoir lu.) Il faut remettre en secret cette lettre au colonel; il faut rappeler sa raison pour qu'il puisse comprendre et exécuter; alors ou il réussit et me délivre de toute crainte, ou le major, prévenu à temps utile, me délivre du nageur. Quelqu'un se lève... Évitons tous les soupçons en reprenant notre place.

(Le colonel se lève, traverse la scène et va s'asseoir, à droite, près d'un sabord. Lucien se lève aussi, le suit et s'arrête en le regardant.)

LUCIEN.

Comme tous les matins, aussitôt que le jour paraît, il va regarder du côté de la France!

CHALUMEAU, dans son hamac, bâille et se détire.

Hum! hum!

LUCIEN.

C'est vous, Chalumeau? (Il va près du hamac.)

CHALUMEAU.

Vous, à ma portée, comme cela! Profitons-en, les tête-à-tête sont rares ici.

LUCIEN.

Qu'avez-vous à me dire?

CHALUMEAU.

Décidément vous ne voulez pas essayer de vous sauver seul?

LUCIEN.

Non, votre fuite a manqué à cause de moi, je ne vous abandonnerai pas, surtout maintenant que je sais par Ordonno que ma mère est moins souffrante?

CHALUMEAU.

Oui; mais il y a un mois qu'il vous a dit cela; depuis vous n'avez pas eu d'autres nouvelles... maintenant on ne peut plus lui parler, impossible de monter sur le pont aux heures où il vient avec ses matelots renouveler la provision d'eau. Encore une fois, pensez donc à votre mère!

LUCIEN.

Ne cherchez pas à ajouter à mes regrets!

CHALUMEAU.

Vouloir nous échapper ensemble, c'est rendre toute évasion impossible.

LUCIEN.

Non, je ne fuirai pas seul.

CHALUMEAU.

Alors, il faut que nous vous débarrassions de nous.

LUCIEN.

Comment?

CHALUMEAU.

En nous sauvant coûte que coûte, pour que vous n'ayez plus à penser qu'à vous.

LUCIEN.

Malheureux, pas d'imprudence!

CHALUMEAU.

Ça nous regarde maintenant.

LUCIEN.

Mais, écoutez...

CHALUMEAU.

Silence! voici la diane!

(On bat la diane au dehors, tous les prisonniers se réveillent et sortent de leurs hamacs.)

SCÈNE II.

LES MÊMES, UN SERGENT avec DES SOLDATS; ils arrivent par la porte de droite, et font tout le tour de la scène en faisant sortir les prisonniers de leurs hamacs.

LE SERGENT.

Debout... debout tout le monde!

GIROMON.

C'est bon, lieutenant, on y va: donnez-nous le temps de fermer nos rideaux et de secouer notre lit de plume.

LES PRISONNIERS, riant.

Ah! ah! ah! farceur de Giromon, va!

LE SERGENT, à Charençon qui est resté seul dans son hamac.

Allons, allons donc, paresseux!

(Il donne un coup de baguette au hamac.)

CHARENÇON, rêvant.

Négresse gentille, négresse à moi! moi vouloir négresse, beaucoup négresses!

CHALUMEAU.

Attends, attends, je vais t'en donner des négresses !
(Il dénoue le cordon qui suspend le hamac aux pieds.)

CHARENÇON.

Belle négresse !... moi, joli nègre !... moi, nègre caressant !... (Il tombe.) Ah ! tiens !... (Tout le monde rit.) Mais, quoi donc ? Bonjour, mon oncle Chalumeau.

CHALUMEAU.

Et notre déjeuner, paresseux ! oublies-tu que tu es le cuisinier de la batterie !

CHARENÇON.

Dites donc le cock de la batterie et non pas le cuisinier, ça a tout de suite un autre air.

CHALUMEAU.

Eh bien ! cock, notre déjeuner.

CHARENÇON.

Notre déjeuner, je crois que j'y rêvais.

GIROMON.

Le fait est que ça a joliment l'air d'un rêve... pour toute ration, par jour, huit onces de pain et de l'eau pourrie, avec du poisson idem.

BERNARDI, à part.

Mon plan est arrêté... (Bas au sergent.) Pourrait-on descendre ici, de ce côté, par la chambre des officiers ?

LE SERGENT.

Sans doute.

BERNARDI, bas.

Il faut que je parle au major pour le service.

LE SERGENT.

Laissez passer le numéro 51. (Bernardi sort.)

CHALUMEAU, le regardant partir.

Quand celui-là s'en va, ça soulage.

(L'officier sort avec ses soldats. — Pendant cette scène, tous les prisonniers détachent et roulent leurs hamacs et leurs nattes de paille.)

CHARENÇON, qui a fini de ranger son hamac.

Allons, aujourd'hui c'est fête, nous avons fini de payer, avec la retenue sur nos rations, les dégâts faits au Ponton pour notre fuite manquée. A-t-il fallu des onces de pain noir et des queues de harengs pour faire huit cents francs !

GIROMON.

Huit cents francs, pour faire un trou dans une mauvaise planche... cré coquin !

CHARENÇON.

Cré coquin ! si j'étais gouvernement ou empereur...

CHALUMEAU.

Allons, à la marmite, gâte-sauce, et fais-nous une bonne soupe, si tu peux.

CHARENÇON.

Une bonne soupe avec du pain et de l'eau !

*Le colonel, au fond, Bernardi, le sergent, Lucien, Chalumeau, Charençon, Giromon.

CHALUMEAU.

Ça fera de l'eau panée, ça rafraîchit le sang de ceux qui ont comme nous le mal d'Espagne et la rage de France.

CHARENÇON, sortant.

Je vas faire ma pâtée. (Il sort par l'escalier.)

ORDONNO, en haut et sans être vu.

Gare, les prisonniers, gare là-dessous !

CHALUMEAU.

C'est Ordonno qui vient apporter les provisions et chercher les barriques vides.
(On ouvre le panneau de la cale.)

GIROMON.

Avez-vous posé le moufle ?... affalez les cordages. (On descend un panier de provisions.)

LUCIEN, regardant le colonel.

Malheureux vieillard, toujours cette sombre mélancolie : essayons de le distraire. (Il va à lui.)

ORDONNO, en haut.

Envoyez les tonneaux aux légumes.

(Le cordage qui a descendu le panier, remonte un tonneau.)

CHALUMEAU, regardant monter le tonneau.

Sont-ils heureux ces tonneaux ! si j'étais dedans ! (Avec inspiration.) Ah ! quelle idée ! (Il descend vivement par l'écoutille, dans la cale. Un second panier de provisions descend.)

LUCIEN, ramenant le colonel.

Le temps est meilleur aujourd'hui ; tout à l'heure on montera sur le pont ; voudrez-vous vous appuyer sur moi ?

LE COLONEL.

Non. Ils croient Parisien malade ; c'est une ruse... il est allé en France chercher ma femme et mon fils. Je l'attends ici.

LUCIEN.

Le malheureux ! sa raison s'égare davantage.

(Un second tonneau monte. Lorsqu'il est sorti d'environ deux pieds de la cale, le couvercle se lève, et la tête de Chalumeau paraît.)

CHALUMEAU.

Ne dites rien au capitaine jusqu'à ce que j'aie réussi.

(On referme vivement le couvercle, le tonneau continue à monter, guidé par deux commandes tenues par Giromon et un autre prisonnier. Lorsqu'il a disparu, tous les prisonniers restent dans l'attente.)

GIROMON.

Silence ! écoutons bien.

LES PRISONNIERS.

Rien !

GIROMON.

Ecoutez encore. Si nous n'entendons rien d'ici à quelques secondes, Chalumeau est sauvé.

LUCIEN, se retournant.

Mais qu'avez-vous ? ce silence...

GIROMON.

Chut !

ORDONNO, en haut.

Embarquez les barriques dans la chaloupe.

LUCIEN.

Mais expliquez...

GIROMON, haut.

Sauvé !

LUCIEN.

Qui ?

GIROMON.

Chalumeau.

LUCIEN.

Comment ?

(Giromon montre les cordages.)

ORDONNO, en haut.

En mer la barque.

(Explosion de cris de joie. Vivat ! bravo !)

LUCIEN.

Bien ! bien ! par ce bruit attirez l'attention de ce côté. (Allant au sabord.) Voyons si la chaloupe s'éloigne.

(Tous les prisonniers se prennent par la main et dansent en chantant à haute voix l'air du pas redoublé qu'ils interrompent par un cri général de vive l'empereur.)

LUCIEN.

Je n'aperçois rien en mer, je tremble.

SCÈNE III.

LES MÊMES, LE MAJOR. OFFICIERS, SOLDATS, ramenant CHALUMEAU, arrivant tous par l'escalier.

LE MAJOR.

Qui ose faire ici un tel bruit quand j'ai commandé le silence dans les batteries et l'entrepont ? C'était une ruse pour favoriser l'évasion du prisonnier. Mais sa tentative a échoué.

LUCIEN, à part.

Le malheureux !

CHALUMEAU, entrant.

Que le diable vous emporte ! voilà ma façon de penser à votre égard, major.

LE MAJOR.

Vous êtes ses complices : vous connaissez les réglemens, tout complice d'une évasion mérite une punition. Vous saurez tout à l'heure ce que j'aurai décidé de vous.

(Il sort par la droite avec les officiers et les soldats.)

SCÈNE IV.

LES MÊMES, hors le MAJOR et sa suite.

GIROMON, après un moment d'hésitation.

Ah ! bah ! qu'est-ce qu'il peut nous faire ?

LUCIEN.

Comment as-tu été découvert, mon pauvre Chalumeau ?

CHALUMEAU.

Vous allez voir, capitaine, s'il ne faut pas avoir du guignon. Une fois dans mon tonneau, je monte, je monte, c'était un charme, ça allait tout seul. Toute ma peur, c'était qu'une fois arrivé sur le pont on me descendît la tête la première dans la chaloupe... Je sens qu'on dispose la barrique, ça allait bien, on descend les autres barriques, ça allait toujours très bien; il n'y avait plus que moi de tonneau sur le pont, lorsque j'entends cet animal de Charençon accourir avec un chaudron et crier à Ordonno : « Dites donc, vous oubliez vos eaux grasses. » Il lève le couvercle et commence à verser, je lui fais signe avec une grimace de s'arrêter, il ne me comprend pas, il a peur et tombe à la renverse sous son chaudron en criant : « Ah ! mon oncle Chalumeau ! »

LUCIEN.

Eh bien ! alors ?

CHALUMEAU.

Alors, je me tiens coi comme un lapin dans son terrier; mais on vient, on relève le couvercle et je suis pincé.

LES PRISONNIERS.

Pauvre sergent !

CHALUMEAU, bas à Lucien.

Mais à quelque chose malheur est bon, capitaine. Pendant qu'on me retirait de mon tonneau et que je me débattais contre les soldats, à qui j'alongeais des coups de pied en manière de consolation, un petit matelot, qui était près d'Ordonno, trouve moyen de se glisser jusqu'à moi ; je sens une petite main douce mettre dans la mienne ce paquet et une voix non moins douce me dire à l'oreille : Pour Lucien.

LUCIEN, ouvrant le papier, à part.

Une lime ! un ciseau. (Haut.) Et tu n'as pas vu ?

CHALUMEAU.

Impossible ! tout cela s'est passé si vite que lorsque j'ai retourné la tête, le petit matelot n'était déjà plus là ; comme je le cherchais des yeux, ce gueux de major m'a fait descendre ici moins gaîment que je n'en étais sorti.

LUCIEN.

Ce matelot ? quel est ce mystère ?

LES PRISONNIERS.

Voilà les soldats, voilà les soldats.

SCÈNE V.

LES MÊMES, UN OFFICIER, SOLDATS, venant de la droite.

L'OFFICIER, tenant des papiers à la main.

Le numéro 12 !

GIROMON.

Présent.

L'OFFICIER.

Au cachot.

GIROMON.

Merci, d'abord, et puis après pourquoi ça? Est-ce que sans m'en douter j'aurais eu le bonheur d'étrangler le major? (On rit.)

L'OFFICIER.

On vous tiendra compte de votre insolence. Vous êtes puni parce que vous teniez une des cordes qui ont servi à diriger les barriques hors de la cale. (Aux soldats.) Prenez cet homme. Numéro 17!

UN PRISONNIER.

Voilà. Est-ce aussi pour le cachot?

L'OFFICIER.

Oui, vous teniez l'autre corde. Numéro 23!

LUCIEN.

C'est moi, monsieur.

L'OFFICIER.

On connaît votre influence sur vos camarades et surtout sur celui qui a tenté de s'évader : ce ne peut être que par votre conseil...

CHALUMEAU.

Le capitaine ignorait tout.

L'OFFICIER.

Pour punition, vous serez chargé de balayer la cale.

CHALUMEAU.

Le capitaine balayer la cale! Ah çà! le major est fou? un officier!

L'OFFICIER.

Il n'y a pas ici d'officier, il n'y a que des prisonniers. Mais vous qui parlez, vous pensez bien que si vos complices sont punis, vous le serez aussi : au cachot et aux fers!

CHALUMEAU.

Mettez-moi un mois de plus au cachot; mais n'y mettez ni mes camarades, ni le capitaine qui, foi de soldat! ne savait rien.

L'OFFICIER.

Les ordres du major sont formels.

LES PRISONNIERS.

C'est une injustice! c'est une injustice!

LUCIEN, à part, qui a gagné la gauche.

Quelle idée! oui à l'aide de ces instrumens que m'a remis Chalumeau... Une fois que l'accès de la cale me sera ouvert... (Revenant au milieu.) Mes amis, ce que vous avez fait, je le ferai; nous avons bravé les mêmes périls, nous braverons les mêmes dégoûts. (A l'officier.) Monsieur, il suffit, le major sera obéi, je balaierai la cale.

CHALUMEAU, surpris.

Vous, capitaine, à cause de moi!

LUCIEN.

Ne vous affligez pas. (Plus bas.) Souvent ce qu'on croit un malheur...

L'OFFICIER.

Le major exige qu'une fois pour toutes vous soyez chargé de ce soin.

LUCIEN.

Soit, monsieur.

L'OFFICIER, à ses soldats.

Conduisez ces hommes au cachot et que tous les prisonniers montent sur le pont.

(Les prisonniers prennent leurs hamacs et leurs nattes, tous sortent par l'escalier, par groupe de trois à quatre, entremêlés de soldats. Les prisonniers destinés au cachot sortent les premiers.)

CHALUMEAU, en passant près de Lucien.

Décidément je ne me sauverai plus.

LUCIEN.

Bon courage, mon brave. (Les autres prisonniers continuent à sortir. Lucien sortant le dernier. Au colonel.) Vous ne voulez pas venir avec nous?

LE COLONEL.

Chut! je l'attends...

LE LIEUTENANT, à l'officier, montrant le colonel.

Et le vieux?

L'OFFICIER.

Il peut rester comme à l'ordinaire.

(Ils sortent.)

SCÈNE VI.

LE COLONEL, puis BERNARDI.

(A peine la porte de droite est-elle fermée, que la porte de gauche s'ouvre mystérieusement et Bernardi entre avec précaution. Le colonel est assis dans une complète immobilité.)

BERNARDI.*

Depuis dix années, nous ne nous sommes pas vus, puis cette batterie est sombre... et sa raison l'a, dit-on, abandonné. Sa raison? Il faut qu'elle revienne. Appelons son attention. Colonel! colonel! Rien!... Je sais bien le moyen de le tirer de cette léthargie. (D'une voix forte.) Colonel Simon!

LE COLONEL, violemment agité.

Ce n'est pas moi! ce n'est pas moi!

BERNARDI.

Colonel Simon!

LE COLONEL.

Ce nom, Parisien seul le connaît.

BERNARDI.

Parisien, il ne viendra plus.

LE COLONEL.

Je l'attends.

BERNARDI.

Il ne viendra plus, vous dis-je; il est mort!

LE COLONEL.

Mort! le Parisien mort! eh! mon Dieu! je com-

* Bernardi, le Colonel.

prends. Ah! j'ai ma raison pour souffrir. Oh! seul! me voilà bien seul, maintenant.

BERNARDI.

Non, car en mourant, il m'a dit : Cette lettre au colonel.

LE COLONEL.

Une lettre!

BERNARDI.

Lisez! lisez! hâtez-vous, on peut nous surprendre? (Le colonel lit en silence. Bas.) Va-t-il comprendre?

LE COLONEL, fondant en larmes.

Ah! il m'appelait son père! personne ne m'appellera son père.

BERNARDI, bas.

Il pleure... il comprend.

LE COLONEL, qui a continué de lire.

Que dit-il? m'échapper!

BERNARDI, à mi-voix.

La liberté!

LE COLONEL, lisant.

Tout est prêt!

BERNARDI, toujours à mi-voix.

Revoir la France!

LE COLONEL, allant au troisième sabord, toujours les yeux sur la lettre.

Ces barreaux! (Il les secoue.) Ils cèdent!

BERNARDI.

En France, retrouver l'honneur!

LE COLONEL.

Cette guérite! je la vois.

BERNARDI.

Une femme qui vous pleure, vous attend.

LE COLONEL, arrachant une portion de planche à l'endroit indiqué par la lettre, et laissant voir une corde cachée dans l'épaisseur. Prenant la corde.

Cette corde! je la tiens.

BERNARDI.

Un fils! un fils noble, honoré!

LE COLONEL, se prenant la tête à deux mains.

Oh! ma raison, ma raison, reste, reste pour me guider, et ma force, oh! que je la retrouve, mon Dieu!

(Il tombe à genoux.)

BERNARDI.

Bien! il est temps!

(Il fuit rapidement par la porte de droite.)

LE COLONEL, se relevant.

Oh! la liberté! la France! ma femme! mon fils! Ah! j'aurai du courage, j'aurai de la force, j'aurai ma raison. (Il va au sabord.) Cette corde autour de moi... Jetons ces vêtemens inutiles... (Passant à travers le sabord.) Cette galerie me protège... (En dehors.) Vous qui m'avez aimé ici, merci! adieu! (On le voit passer devant les autres sabords, il disparaît par la droite.)

SCÈNE VII.

LUCIEN, entrant précipitamment par l'escalier.

C'est elle! elle ici! déguisée en matelot... généreuse Louise!... Oh! la voir! la voir! Si j'ai compris ces lignes, au moment où Ordonno descendra chez le major et dans la chambre des officiers, elle l'accompagnera... elle m'a dit de descendre ici... mon nouveau service de calier me l'a permis... Que je bénis cette punition! cette porte... (Montrant la droite.) c'est par là qu'elle espère venir... le pourra-t-elle? et le colonel? monté sur le pont sans doute... Oh! j'ai la fièvre... je brûle... J'entends du bruit.

(La porte de droite s'ouvre.)

SCÈNE VIII.

LUCIEN, LA COMTESSE, en matelot.*

LUCIEN.

Louise! Louise! c'est vous... et ma mère?

LA COMTESSE.

Hors de tout danger. Avez-vous quelque moyen d'évasion?

LUCIEN.

Aucun; mais j'espère.

LA COMTESSE.

Richard est tout à nous... sous divers prétextes, il tiendra toujours une embarcation prête à partir, près du colombier qu'on aperçoit sur la côte, pour nous avertir, un messager... Mais prenez ce papier qui vous dira tout...

(Elle lui remet un papier.)

LUCIEN.

Oh! je vous devrai plus que la vie! Et votre voyage? et mon père?

LA COMTESSE.

Il existe.

LUCIEN.

Il existe!

LA COMTESSE.

Depuis dix ans prisonnier.

LUCIEN.

Où?

LA COMTESSE.

Sur les Pontons.

LUCIEN.

Lesquels?

LA COMTESSE.

Ceux de cette rade, sous un faux nom.

LUCIEN.

Si près de nous!

LA COMTESSE.

Mais affaibli, accablé...

* La comtesse, Lucien.

SCÈNE IX.

Les Mêmes, CHALUMEAU, pâle et accourant par l'escalier.

CHALUMEAU.

Malheur! malheur! on court aux armes... Les soldats qui me menaient au cachot m'ont abandonné pour monter sur le pont.

LUCIEN.

Qu'y a-t-il!

CHALUMEAU.

J'ai cru entendre parler d'un prisonnier qui s'évade.

SCÈNE X.

Les Mêmes, ORDONNO, entrant par la droite.

ORDONNO.

Madame, à l'instant il faut fuir.

LA COMTESSE.

Que se passe-t-il donc?

ORDONNO.

Je ne sais... On apprête les armes; les prisonniers consternés interrogent leurs rangs. Le major veut que la barque s'éloigne.

LA COMTESSE.

En ce moment?

ORDONNO.

Il le faut... Vous me perdez, vous perdez tout... De gré ou de force!...

LUCIEN.

Partez, Louise... Ordonno a raison... partez... nous n'avons rien à craindre.

LA COMTESSE, entraînée par Ordonno.

Pour vous sauver, jour et nuit nous serons prêts.

LUCIEN.

Ma vie tout entière, pour tant de dévoûment.

(Elle sort par la droite.)

SCÈNE XI.

LUCIEN, CHALUMEAU.

CHALUMEAU, qui a écouté ce qui passe sur le pont.

On a commandé... écoutons.

VOIX, en haut.

Sur la guérite, feu!

(Coup de fusil.)

LUCIEN.

Ah! c'est horrible.

CHALUMEAU.

Quel est le malheureux?

LUCIEN.

Cette grille forcée! ce sabord... le colonel n'est plus là?

CHALUMEAU.

Le colonel? Non, pourquoi?

LUCIEN.

Oh! mon Dieu, ce serait épouvantable!

CHALUMEAU, allant au devant des soldats.

C'est lui!

LUCIEN, se précipitant vers lui.

Lui! oh! c'est un meurtre infâme.

LES PRISONNIERS, accourant par l'escalier et se précipitant.

Qui est-ce? qui est-ce?

SCÈNE XII.

Les Mêmes, LE COLONEL, blessé, rapporté par des soldats, par la droite, et placé sur l'écoutille, puis tous les Prisonniers, BERNARDI, et quelques instans après CHARENÇON.

LUCIEN.

Le colonel, mes amis, le plus inoffensif de nous tous, assassiné! lâchement assassiné!

LES PRISONNIERS.

Oh! l'horreur!

BERNARDI, à part.

Et obligé de descendre avec eux!

CHARENÇON, accourant par l'escalier.

Mon oncle, mon oncle, c'est le brigand qui a dénoncé le colonel!

BERNARDI, s'oubliant.

C'est faux.

CHALUMEAU.

On ne t'avait pas nommé, c'est toi!

BERNARDI.

Je vous jure.

CHARENÇON.

J'étais sur l'avant, avec le chef cock, le major assis derrière la cloison, il est venu lui parler, aussitôt le major a fait prendre les armes et a commandé le feu.

LUCIEN.

Misérable! viens donc jouir de ton ouvrage! Regarde ce sang, regarde le visage pâle et livide de ce vieillard.

(Il le tient vis à vis du colonel qui est revenu à lui et fixe ses regards sur l'homme qu'on lui présente ainsi.)

LE COLONEL, avec un cri.

Torelli!

LUCIEN.

Torelli! lui! et vous? vous êtes donc le colonel Simon... mon père!

LE COLONEL.

Que dites-vous?

ACTE IV, SCÈNE XIV.

LUCIEN.

Mon père! je suis Lucien, Lucien Simon, votre fils qui vous a si long-temps pleuré.

LE COLONEL.

Mon fils... en cet instant... Ah! Dieu me devait bien cette consolation avant de mourir.

CHALUMEAU, à Bernardi.

Tu ne sais donc pas, toi, qu'il y a une vengeance au ciel?

LES PRISONNIERS.

Qu'il meure! qu'il meure!

CHALUMEAU.

Mieux que cela, mes amis, le supplice décrété parmi nous contre les traîtres : que sur son front...

BERNARDI, se débattant.

Oh! c'est affreux, la mort! mais pas cela!

CHALUMEAU.

Entraînez-le.

BERNARDI.

Grace! pas cela! au secours!

(Quatre des prisonniers entraînent Bernardi par la droite.)

SCÈNE XIII.

LE COLONEL, LUCIEN, quelques PRISONNIERS, puis LE MAJOR, et ensuite BERNARDI, et tout le monde.

LE COLONEL.

Mon fils! mon fils! je t'assure que je n'étais pas coupable, que jamais...

LUCIEN.

Je le sais, mon père, nous avons les preuves...

LE COLONEL.

Ah! je puis mourir avec mon nom et tu peux le porter sans honte. Ta mère, ta bonne mère?...

LUCIEN.

Elle n'a cessé de vous aimer et de prier pour vous.

LE COLONEL.

Mon Dieu, comme la mort est pressée... le voir si peu... mon fils... ah! déjà mourir!

LUCIEN, se jetant sur lui.

Mon Dieu! mort! mort!

SCÈNE XIV.

LE MAJOR, OFFICIERS, SOLDATS, rentrant par l'escalier, BERNARDI, échappé des mains des prisonniers, rentrant par la droite et venant se réfugier près du Major.

BERNARDI, criant.

Sauvez-moi! sauvez-moi!

LE MAJOR.

Quels sont ces cris?

BERNARDI.

Sauvez-moi! sauvez-moi... du secours!

LE MAJOR.

Quels sont les auteurs de cette violence?

LES PRISONNIERS.

Nous tous!

LE MAJOR.

Vous tous?

LES PRISONNIERS.

Oui! oui!

LUCIEN, se relevant et prenant le major par le bras.

Voyez-vous ce vieillard assassiné, c'est mon père.

LES PRISONNIERS.

Lâche! lâche! brigand!

LE MAJOR.

A moi, soldats! c'est une révolte.

(Les soldats l'entourent, et en croisant baïonnette protégent sa retraite au milieu des malédictions; Bernardi sort par l'escalier en se traînant au milieu des soldats.)

CHALUMEAU.

Sur le pont! nous l'y retrouverons.

GIROMON.

La porte est fermée.

CHALUMEAU.

Enfonçons-la!

LES PRISONNIERS.

Oui! oui! vengeance!

LUCIEN.

Malheureux! qu'allez-vous faire? ces murs sont garnis de meurtrières.

CHALUMEAU.

Ils n'oseront pas nous massacrer ainsi à bout portant.

(Au moment où les prisonniers lancent des bancs contre les cloisons, un feu nourri part de toutes les meurtrières, plusieurs tombent frappés à mort, un plus grand nombre blessés. Lucien cherche à protéger de son corps des camarades qui se groupent près de lui.)

LUCIEN, avec indignation et désespoir.

Oh! les misérables!

(Le feu continue jusqu'au baisser du rideau.)

FIN DU QUATRIÈME ACTE.

ACTE CINQUIÈME.

Le théâtre représente, au milieu, le pont rasé du Ponton le *Saint-Jean*. Tout autour la mer. Le ciel, faiblement éclairé par le crépuscule du soir, est chargé de nuages. Il tombe de la pluie, et de tristes rafales de vent interrompent seules le silence. Sur l'arrière, une sentinelle; au milieu du pont, tous les prisonniers français, tristes et abattus, se serrent les uns contre les autres, pour se garantir de la pluie et du vent. Seul, sur un des côtés, Bernardi, blotti contre le pont, tremble de froid.

SCÈNE I.

LUCIEN, CHALUMEAU, CHARENÇON, BERNARDI, Sentinelles.

(Lucien est assis près de la cage qui renferme le pigeon. — Prisonniers. — Charençon et Chalumeau sont assis près du mât; Bernardi près du sabord.)

CHARENÇON.

Avez-vous encore aussi froid, mon oncle Chalumeau?

CHALUMEAU.

Plus tout à fait tant; en se serrant bien ainsi les uns contre les autres, on se réchauffe un peu, et on sent moins la pluie. (Vivat et cris de joie des Espagnols, au dessous du pont.) Ils chantent, ils mangent et ils boivent pourtant en bas les sans-cœur!

CHARENÇON.

Je crois que c'est tout bonnement pour nous faire damner.

CHALUMEAU.

Où est Lucien?

CHARENÇON.

Je ne sais pas.

CHALUMEAU, appelant.

Lucien?

LUCIEN.

Je suis ici.

CHALUMEAU.

Où donc?

CHARENÇON, indiquant.

Là bas, au coin.

CHALUMEAU, à Charençon.

Pourquoi n'est-il pas près de nous?

CHARENÇON.

Écoutez donc, vous le rudoyez bien un peu aussi.

CHALUMEAU.

Je ne peux pas m'en empêcher quand je vois ce qu'il est devenu. Mille chiens de tonnerres! moi qui le croyais un caractère vigoureux! Depuis le jour de la mort du vieux colonel, depuis qu'il en a vu onze d'entre nous tomber sous les balles de nos gardiens, il est devenu un vrai papier mâché!... tout ce que veulent les Espagnols, il le veut bien; tout ce que commande le major, il l'exécute. Lui! un officier! il consent depuis deux mois à faire le service de la cale! Et dire que c'est là mon petit Lucien, mon brave capitaine!... Triple charge! je suis gelé.

(Bernardi transi s'est approché du groupe en rampant.)

CHARENÇON, à Bernardi.

Veux-tu t'en aller!

BERNARDI.

Mes bons Français, laissez-moi m'appuyer contre vos jambes.

LES PRISONNIERS, le repoussant.

A ta niche, animal!... va-t'en!... tombez dessus.

BERNARDI, à Chalumeau.

Monsieur le sergent, laissez-moi me coucher sous vos pieds.

CHALUMEAU.

Chien, va ramasser les miettes et lécher les plats de tes maîtres.

BERNARDI, avec désespoir.

Ah! pas un abri!

CHARENÇON.

Tiens, qu'est-ce que fait donc Lucien? il a trop chaud? il ôte son habit!

CHALUMEAU.

Pour en couvrir la cage de son pigeon! je l'aurais parié. Cet oiseau-là l'a ensorcelé.

(Lucien pose son habit sur la cage, et examine le pigeon.)

LUCIEN.

Quelqu'un n'aurait-il pas quelques miettes de pain à me donner pour mon pauvre pigeon?

(Tous rient de pitié et lui tournent le dos.)

CHARENÇON.

Il finira par le faire manger, son pigeon, pour n'en plus entendre parler.

LUCIEN, faisant le tour du groupe.

Vous n'avez pas quelques miettes de pain?

ACTE V, SCÈNE I.

CHALUMEAU.

Tu n'avais pas besoin de vendre la moitié de ta ration pendant six semaines afin de te procurer l'argent nécessaire pour acheter cette vilaine bête, tu ne serais pas obligé de mendier pour elle.

LUCIEN, tristement.

Chalumeau, vous ne m'aimez plus?

CHALUMEAU, grognant.

C'est vrai, je suis jaloux de ce pigeon.

CHARENÇON.

Est-ce que l'heure de rentrer dans l'entrepont ne va pas bientôt sonner? Ils appellent ça l'heure de notre promenade. Assez pour mon goût. Vous me croirez, si vous voulez, mais je trouve le temps long.

CHALUMEAU, voyant entrer le major suivi de quelques officiers.

Il paraît que ces messieurs ont achevé de prendre leur nourriture.

SCÈNE II.

LES MÊMES, LE MAJOR, OFFICIERS à demi-ivres.

LE MAJOR, entrant.

Un peu d'air, messieurs, cela nous disposera à mieux recommencer la partie... Comprend-on cela? manquer de vin quand on est si bien en train! Ordonno me paiera celle-là.

UN OFFICIER.

On ne peut tarder à nous apporter notre supplément de provision extraordinaire, et les toasts reprendront avec une nouvelle ardeur.

CHARENÇON.

Est-ce qu'il ne pourraient pas aller causer de cela plus loin? j'aimerais autant me voir passer un morceau de veau sous le nez.

LE MAJOR.

La bonne petite pluie... cela rafraîchit la tête... ces gaillards-là sont bien heureux d'être ainsi au frais.

BERNARDI.

Major, permettez-moi de descendre?

LE MAJOR.

Impossible.

BERNARDI.

Est-ce ainsi que vous me récompensez de mes services? Voyez quel est mon sort, souffrir seul, toujours seul, sans que jamais ma misère obtienne la pitié.

LE MAJOR.

Voulez-vous changer de ponton?

LES PONTONS.

BERNARDI, montrant son front.

Eh! ne suis-je pas partout signalé à la haine?

LE MAJOR.

Que voulez-vous? il ne fallait pas être maladroit.

BERNARDI, se retirant.

Encore un que je maudis.

(Huit heures sonnent.)

LES PRISONNIERS, avec joie en se séparant.

L'heure! l'heure... rentrons... nous allons être au sec.

(Le major fait un signe aux gardes qui l'ont accompagné. Ils s'opposent au passage.)

CHALUMEAU.

Eh bien! pourquoi ne nous laissez-vous pas passer?

LE MAJOR.

Parce que je l'ai défendu.

CHALUMEAU.

L'heure de rentrer est sonnée.

LE MAJOR.

Oui; mais notre dîner n'est pas achevé et nos tables sont dans l'entrepont et dans les batteries. Vous attendrez ici que nous ayons fini.

CHALUMEAU.

Vous ne vous êtes donc pas aperçu que la nuit est venue et qu'il pleut?

LE MAJOR.

Est-ce que vous avez déjà oublié la leçon que vous avez reçue il y a deux mois?

CHALUMEAU.

Il n'y a pas de leçon qui tienne, je dis que des hommes ne doivent pas souffrir parce que d'autres...

LE MAJOR, furieux.

Soldats!

LUCIEN, intervenant.

Pardon, major; le sergent à tort; il est un peu aigri parce que le froid et l'humidité le font souffrir de ses blessures; mais il obéira comme moi, nous obéirons tous.

CHALUMEAU.

Mille tonn...

LUCIEN, à mi-voix, mais avec énergie.

Votre capitaine vous l'ordonne.

CHALUMEAU, étonné, bas.

Il a dit cela comme autrefois. (A mi-voix.) On se taira.

LE MAJOR, à Lucien et lui frappant sur l'épaule.

Je suis content de vous; c'est vous qui avez le mieux profité du châtiment exemplaire infligé aux rebelles, quoique vous ayez perdu votre père...

LUCIEN.

C'était un malheur irréparable.

LE MAJOR, riant.

Vous rappelez-vous qu'il y a quatre mois, dans l'auberge d'Ordonno, vous m'avez presque défié de vous garder prisonnier?

LUCIEN.

Je reconnais que vous êtes plus adroit et plus fort que moi.

LE MAJOR.

Vous êtes plein de raison et de bon sens.

LUCIEN.

C'est le fruit de l'expérience et du malheur.

BERNARDI, à part.

Le malheur l'a-t-il ainsi dompté? est-ce un piége? S'ils pouvaient se tuer tous deux!

UN OFFICIER.

Voici la chaloupe aux provisions.

LE MAJOR, à Lucien.

Allons, descendez à la cale... elle est bien tenue bien balayée, je vous rends cette justice; mais chaque fois que vous y descendez, aussi, vous y restez bien long-temps. Allez, mon doux mouton.

LUCIEN, descendant.

J'obéis, major.

CHALUMEAU, à part.

Il le méprise, il l'insulte, et Lucien prend tout cela sans rien dire!... Ah! c'est trop fort!

(Il s'assied sur le bord la tête cachée dans ses deux mains. — On a établi une poulie soutenue par trois bâtons au dessus de l'écoutille que l'on a ouverte; des prisonniers font le service des cordes. Ils montent de la chaloupe, qui n'est pas visible pour le public, deux tonneaux et un panier de vin de champagne. Les mêmes objets sont aussitôt descendus dans l'entrepont.)

LE MAJOR.

Les barriques à fond de cale, les bouteilles à nous, mes amis, et vive Ferdinand et l'Inquisition! (Il descend suivi des officiers et de la sentinelle qui emporte les paniers.)

SCÈNE III.

LES PRISONNIERS, CHALUMEAU, CHARENÇON, BERNARDI.

CHARENÇON, à Chalumeau qui est resté assis dans l'attitude du plus violent chagrin.

Qu'est-ce que vous avez donc, mon oncle Chalumeau?

CHALUMEAU, se levant avec résolution.

Je dis que j'en ai assez.

CHARENÇON.

Assez de quoi?

CHALUMEAU.

Assez des Pontons.

CHARENÇON.

Je crois bien, j'en ai de trop, moi.

CHALUMEAU.

Assez de la vie.

CHARENÇON.

Ah! ça c'est une bêtise, mon oncle Chalumeau.

CHALUMEAU.

Bêtise ou non, mon neveu Charençon, c'est comme ça. J'ai couché sur la dure; mais mille chiens, le lendemain on prenait une ville et on s'étendait sur le duvet. J'ai serré la ceinture de mon pantalon, faute de vivres; mais le soir trois ou quatre femmes me servaient, à genoux, de la choucroute. Des balles m'ont troué la peau; mais à l'hôpital une bonne sœur me donnait des consolations et des compresses.

(Il se promène à grands pas.)

CHARENÇON, aux prisonniers.

Venez donc m'aider à le calmer, vous autres.

CHALUMEAU.

Me calmer! qu'est-ce que vous me direz pour me calmer? Est-ce toi qui me parleras?

CHARENÇON, effrayé.

Comment voulez-vous que je vous parle, si vous me regardez comme cela?

CHALUMEAU.

Qui est-ce qui osera me dire qu'on peut vivre comme cela? Est-ce toi, artilleur? Tu penses donc qu'on vit bien sans manger? Est-ce toi, dragon? Ça avait la croix de l'empereur, et ça n'a plus de chemise. Ah! si on nous mettait nus comme des vers, si on renversait la marmite, et puis qu'on nous dise. « Vivez comme cela, un mois, deux mois, on se battra après : vous crèverez peut-être; mais votre nom sera dans le bulletin que vos parens et amis achèteront à Paris pour deux sous et colleront au mur de leur chambre; » ah! comme cela, je ne dis pas! mais pourrir sur un vaisseau pourri, être mis au quart de ration quand on n'est pas assez sage, se détremper le cœur à la pluie battante, comme un chien qui n'a pas de maître, je vous dis que je n'en veux plus.

PLUSIEURS PRISONNIERS, se groupant autour de lui.

Sergent, allons donc.

CHARENÇON.

Allons donc, mon oncle Chalumeau.

CHALUMEAU, prenant un des pavés qui calent la poulie et y attachant une corde.

A ce métier-là les plus forts deviennent des capons, les plus droits et les plus raides se mettent à plat ventre... Il y en avait un, voyez-vous, dont le petit doigt nous valait tous et que j'aimais... je n'avais jamais aimé de cette force-là... ça m'aurait fait un plaisir sans bornes de me faire périr à cause de lui... eh! bien, lui aussi...

CHARENÇON.

Mais qu'est-ce que vous voulez donc faire avec cette pierre et cette corde?

CHALUMEAU.

Me la mettre au cou.

CHARENÇON.

Et puis?

CHALUMEAU.

Puis me jeter à la mer.

CHARENÇON.

Mais je ne veux pas, moi.

CHALUMEAU.

Veux-tu bien me laisser tranquille?

CHARENÇON, aux prisonniers.

Empêchez le de passer.

CHALUMEAU, se débattant.

Comment, mille gargousses! je n'aurai pas même la liberté de me tuer!

SCÈNE IV.

LES MÊMES, LUCIEN.

LUCIEN, remontant et arrêtant Chalumeau.

Vous tuer! vous ne voulez donc pas être libre?

CHALUMEAU.

Libre!

CHARENÇON et tous les prisonniers se réunissant autour de lui.

Libres!

LUCIEN.

Quoi! vous avez cru que j'acceptais la honte, l'esclavage, que je l'acceptais de celui qui a fait tuer mon père!

CHALUMEAU, lui sautant au cou.

Je ne veux plus me tuer.

LUCIEN.

Je suis digne de vous, mes amis. (Il court à la cage, l'ouvre, et le pigeon s'envole.)

CHALUMEAU.

Qu'avez-vous fait?

LUCIEN.

Vous allez le savoir.

CHALUMEAU, apercevant Bernardi, va à lui, le saisit, l'entraîne au milieu du groupe et le tenant accroupi devant lui.

Parlez, maintenant, capitaine.

LUCIEN.

Il y a trois mois, si j'ai consenti à subir l'arrêt qui me condamnait aux fonctions de calier, c'est que ce jour-là j'avais reçu une vrille, une scie; et quelques heures après, en recueillant les derniers soupirs de mon père, en voyant tomber mes amis morts autour de moi, je formais le projet qui me préparait une liberté douteuse, mais une vengeance assurée. Chaque fois que je suis descendu dans la cale, j'ai travaillé sans relâche avec les frêles instrumens que j'avais en mon pouvoir, j'ai isolé du fond du bâtiment un morceau de bordage, et si ce morceau était enlevé il ouvrirait à la mer un passage assez large pour que le ponton coule en peu d'instans.

CHARENÇON.

Je ne comprends pas bien.

LUCIEN.

Ces cordes qui tout-à-l'heure montaient les tonneaux, ont leur extrémité attachée à un anneau placé au milieu du morceau que j'ai scié tout autour; que huit hommes saisissent ces cordes, tirent avec vigueur, et le bordage cède.

CHALUMEAU.

Parlez toujours, nous comprenons.

LUCIEN.

Où sont tous nos ennemis à l'exception des sentinelles? Dans l'entrepont, dans les batteries. Fermons sur eux les écoutilles, jetons les sentinelles à la mer; le bâtiment s'engloutit avec nos bourreaux; mais il faut vingt minutes pour que Richard, averti par le messager que je viens de lui envoyer...

CHARENÇON.

Le pigeon?

LUCIEN.

Oui, ce pigeon que j'aurais nourri de mon sang. Il faut vingt minutes pour que Richard averti vienne ici avec une chaloupe et nous recueille tous. Vingt minutes encore d'attente et de patience.

TOUS.

Vingt minutes encore et libres!

CHALUMEAU.

Silence! un officier.

(On tient étroitement Bernardi pour l'empêcher de parler.)

SCÈNE V.

LES MÊMES, UN OFFICIER.

Le major demande pourquoi on laisse ce panneau ouvert. Il vient par là dans l'entrepont un vent qui éteint les flambeaux. Otez cette poulie, ces cordages et fermez. (Les prisonniers restent consternés.) Vous n'entendez pas? Alors je vais faire mon rapport et ordonner à nos hommes...

LUCIEN.

Non, non, mon officier; cela va être fait, soyez tranquille.

L'OFFICIER.

A la bonne heure, car sans cela j'envoie du monde et vous serez punis.

(L'officier descend.)

CHALUMEAU et LES PRISONNIERS.

Que faire?

LUCIEN.

Quatre hommes aux écoutilles, six à la poulie.

CHALUMEAU.

Mais il faut encore un quart d'heure à Richard pour arriver ici.

LUCIEN.

Vous nagerez.

CHALUMEAU.

Mais vous ne savez pas nager, vous.

(Temps d'arrêt chez les prisonniers qui allaient obéir à ses ordres.)

LUCIEN.

Vous me soutiendrez, si vous pouvez; sinon, je périrai en vous rendant libres. (Hésitation.) Je redeviens capitaine aujourd'hui; obéissez: attention au signal.

BERNARDI, se débattant sous la main de Chalumeau.

Je ne veux pas mourir... je ne sais pas nager, moi. Je ne veux pas mourir.

CHALUMEAU, lui mettant la main sur la bouche.

Te tairas-tu? (Silence général. — Lucien agite son mouchoir; les écoutilles sont fermées. Les six hommes tirent les cordes avec force; le bordage de la cale cède à leurs efforts avec un bruit de planches qui se brisent. — Lâchant Bernardi.) Crie maintenant. (On entend l'eau pénétrer dans le navire avec des mugissemens. — Cris au dessous du pont. — On frappe aux écoutilles avec violence.) Major, ne vous dérangez pas, restez à table; il pleut ici.

LUCIEN.

Mes amis, dans ce moment solennel, pas d'insulte. Je sens le vaisseau qui s'enfonce.

CHARENÇON, près de Lucien.

Je ne te quitte pas, j'ai assez dépensé de quatre sous sur la Seine pour pouvoir te sauver.

BERNARDI.

Nous coulons bas. Grace! grace!

LUCIEN.

A genoux, mes amis. (Tous s'agenouillent.) Mon Dieu, nous avons tant souffert que vous nous pardonnerez.

(Le bâtiment s'incline.)

TOUS.

A la mer! à la mer!

(Un groupe composé de Lucien, Chalumeau, Charençon reste seul sur le dernier point du bâtiment qui sombre.)

BERNARDI, à genoux devant Chalumeau.

Sauvez-moi, sauvez-moi!

CHALUMEAU, sans l'écouter.

Capitaine, une main au col de ma veste.

CHARENÇON.

Lucien, une main à mes cheveux.

LUCIEN.

Si je vous vois faiblir, je vous quitte.

BERNARDI.

Oh! pitié! sergent, pitié! capitaine, pitié!

LUCIEN, au moment où le bâtiment sombre.

Ma mère! Louise!

(Le ponton s'engloutit, on aperçoit la mer couverte de prisonniers qui nagent en s'appelant.)

CHARENÇON.

Ne vois-tu rien?

LUCIEN.

Richard ne vient pas. (Quittant les cheveux de Charençon, et le col de Chalumeau.) Sauvez-vous sans moi.

CHALUMEAU, le saisissant.

Non pas, sauvés ensemble ou noyés ensemble.

CHARENÇON.

Ah! une voile!

TOUS.

Une voile!

LUCIEN.

C'est Richard.

RICHARD, dans la chaloupe.

Nous voilà, nous voilà.

(Une chaloupe pontée, dans laquelle est la comtesse, Richard et un matelot, paraît voguant à toutes voiles.)

CHALUMEAU.

Par ici, par ici!

ACTE V, SCENE V.

LOUISE.

Lucien, Lucien...

LUCIEN.

Louise... c'est vous !

RICHARD, lui jetant un câble.

Capitaine, à vous cette corde.

LUCIEN.

Sauvez mes camarades.

LOUISE.

Nous vous sauverons tous.

(On monte de toutes parts dans la barque.)

LUCIEN, dans la barque.

Ah ! merci, merci... Je reverrai ma mère !

CHALUMEAU, dans la barque.

Nous reverrons la France.

TOUS.

Vive la France, vive l'Empereur !

(Les nuages sont dissipés, la lune paraît et se reflète dans les eaux, la chaloupe vire de bord et s'éloigne.)

La mise en scène exacte de cet ouvrage, transcrite par M. L. PALIANTI, fait partie de la Collection des mises en scènes publiées par le journal LA REVUE ET GAZETTE DES THÉATRES, 55, rue Sainte-Anne.

FIN DES PONTONS.

Imprimerie de Boulé et C° rue Coq-Héron, n° 3.

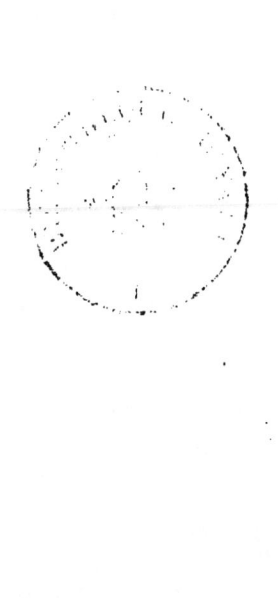

LIVRES A TRÈS BON MARCHÉ
Chez Ch. TRESSE,
ACQUÉREUR DES FONDS DE J.-N. BARBA ET V. BEZOU.
Palais-Royal, derrière le Théâtre-Français.

Les personnes qui prendront pour 50 fr. et au dessus, recevront leurs commandes franches de port et d'emballage dans toute la France. — Les envois sont suivis en remboursement.

Œuvres d'Elzéar Blaze.

CHASSEUR (le) CONTEUR, ou *les chroniques de la chasse*, contenant des histoires, des contes, des anecdotes, et par-ci, par-là, quelques hâbleries sur la chasse, depuis Charlemagne jusqu'à nos jours, 1 vol. in-8. **7 fr. 50 c.**

CHASSEUR (le) au chien d'arrêt, contenant les habitudes, les ruses du gibier, l'art de le chercher et de le tirer, le choix des armes, l'éducation des chiens, leurs maladies, etc.. 2e édition, Paris, 1837. **7 fr. 50 c.**
La première édition de ce livre instructif et amusant a été épuisée en six mois.

CHASSEUR (le) au chien courant, contenant les habitudes, les ruses des bêtes, l'art de les guetter, de les juger, de les détourner, de les attaquer, de les tirer ou de les prendre de force; l'Éducation du limier, des chiens courans, leurs maladies, etc., 2 vol. in-8. **15 fr.**

CHASSEUR (le) aux filets, ou la Chasse des dames, contenant les habitudes, les ruses des petits oiseaux, leurs noms vulgaires et scientifiques; l'art de les prendre, de les nourrir et de les faire chanter en toute saison; la manière de les engraisser, de les tuer et de les manger; 1 vol. in-8. **7 fr. 50 c.**

ALMANACH (l') des Chasseurs, contenant les opérations cynégétiques de chaque mois de l'année, des pronostications faites suivant les calculs du savant Mathieu Lænsberg, des anecdotes sur la chasse, la vie miraculeuse de saint Hubert, patron des chasseurs, 1 vol. in-18, 1839. **1 fr.**

VIE (la) militaire sous l'Empire, ou Mœurs de la garnison, du bivouac et de la caserne, 2 vol. in-8. **15 fr.**

ÉPITRE EN VERS, à Bouffé, artiste du théâtre du Gymnase, par Arnal, acteur du théâtre du Vaudeville. 1 vol. in-8. imprimé sur papier vélin, **3 fr.**

TRAITÉ de vénerie et de chasse, par Goury de Champgrand. Paris, 1769, 1 vol. in-4, fig. **6 fr.**

ABRÉGÉ des antiquités nationales, ou Recueil de monumens pour servir à l'histoire de France, par Millin, 4 vol. in-4, 250 planches, 1837. **30 fr.**

CHEFS-D'OEUVRE de Châteaubriand : Génie du Christianisme, 3 vol. in-8; les Martyrs, 2 vol. — Réné et Atala, 1 vol. in-8; grand-raisin vélin, grand papier, **3 fr.** le vol. au lieu de 15 fr.
Chaque ouvrage se vend séparément.

COLLECTION de 104 portraits des hommes illustres des 17e et 18e siècles, dessinés et gravés par Edeling, etc., avec une notice sur chacun d'eux, par Perrault. 2 vol. in-folio, cartonné en un vol., par Bradel, 12 fr., broché, **10 fr.**

COLLECTION de Mémoires sur la Révolution de 89; par Necker. 4 vol. De Bouillé, 2 vol. Précis et Tableau par Rabault de St-Étienne et Norvins. 2 vol. Prise de la Bastille par Dussaulx, 1 vol. Tiers-État, par Boissy d'Anglas, 1 vol. Louvet, auteur de Faublas, 2 vol. En tout, 12 vol. in-18. **15 fr.**

COURS complet d'instruction à l'usage de la jeunesse, par Galland, 6 très forts vol. in-12, ornés de 69 pl. **5 fr.**

DESCRIPTION des pierres gravées du cabinet du duc d'Orléans, au nombre de 173 planches e un portrait, 2 vol. pet. in-fol. Au lieu de 120 fr., net. 12 fr.; cartonné à la Bradel. **15 fr.**
Cette description, dont le premier volume a été fait par l'abbé Armand, le deuxième par Lachaud et Leblond, explique, reproduit la plus belle collection connue en ce genre d'antiquités. Trois hommes d'esprit se sont associés pour nous faire connaître les trésors que renfermait un des plus curieux cabinets de l'Europe : leur livre offre la lecture la plus piquante et la plus instructive. Jusqu'ici le prix élevé de cet ouvrage ne lui avait laissé accès que dans quelques rares bibliothèques; aujourd'hui le prix auquel il est coté les lui ouvre toutes.

DICTIONNAIRE étymologique de la langue française, par Ménage. 3 vol. in-folio. Ancien prix, 72 fr.; 24 fr. broché, et demi-reliure en 2 vol. **30 fr.**

DICTIONNAIRE de l'Académie française, revu et corrigé par elle-même. 2 vol. in-4. 5e édit., 1835, et supplément. **10 fr.**

DICTIONNAIRE des Beaux-Arts, par Millin, de l'Institut, conservateur des médailles des bibliothèques et professeur d'antiquités, etc., 6 vol. in-8, au lieu de 42 fr. **12 fr.**

DICTIONNAIRE philosophique de Voltaire, 8 très forts vol. in-12, beau papier. **8 fr.**
— *Idem*, 9 vol. in-18, gr. raisin vélin. Doyen, 1820. **8 fr.**
Chaque volume de cette édition a coûté 2 fr. de fabrication.

ÉPHÉMÉRIDES universelles, ou Tableau politique, littéraire, scientifique ou anecdotique, représentant pour chaque jour de l'année un extrait des annales de toutes les nations et de tous les siècles, par MM. V. Arnault, Bory de Saint-Vincent, Dulaure, Guizot, Norvins et autres écrivains célèbres. 13 forts vol. in-8, qui contiennent la matière de 30 vol. in-8. **30 fr.**
Le tome XIII et dernier contient la table par ordre chronologique et alphabétique.
Les derniers volumes 3 à 13 se vendent séparément 3 fr.

HISTOIRE politique et militaire du prince Eugène, vice-roi d'Italie, pour faire suite à l'Histoire de Napoléon par Norvins. 2 beaux vol. in-8, cartes et fig. Au lieu de 15 fr. **6 fr.**

HISTOIRE de Jeanne d'Arc, par Michaud et Poujoulat, 1 vol. in-8, portr. **2 fr.**

HISTOIRE des Proverbes, Adages, Sentences, Apophtegmes dérivés des mœurs, des usages, de l'esprit et de la morale de tous les peuples anciens et modernes, précédée de l'Histoire abrégée de chaque peuple, par Méry, 3 forts vol. in-8. **12 fr.**

HISTOIRE des environs de Paris, par Dulaure. 14 vol. in-8 br. en 7 forts vol., ornés de 100 fig. et d'une très belle carte sur une étendue de 44 lieues sur 68. **30 fr.**

HISTOIRE philosophique et politique de la Russie depuis les temps les plus reculés jusqu'au règne de Nicolas; par Esneaux et Chennechot. 5 forts vol in-8, impr. sur très beau pap. br. satiné. Ancien prix, 35 fr. **7 fr.**

HISTOIRE de Turenne, contenant les mémoires et correspondances écrits par lui, et publiés par Ramsay. 4 forts vol. in-12, et atlas de 13 grandes planches. Au lieu de 21 fr. **3 fr.**
Cet ouvrage, qui renferme une foule de mémoires, de lettres et de pièces intimes et originales, aurait dû

trouver place dans la collection des *Mémoires relatifs à l'histoire de France*. Il est impossible d'allier, plus que ne l'a fait l'auteur, l'intérêt à l'exactitude historique.

ICONES *Plantarum Syriæ rariorum, descriptionibus et observationibus illustratæ,* auctore La Billardière. 50 pl. *Parisiis*, 1791 à 1812. 1 vol. in-4 br. Au lieu de 25 fr. 8 fr.

INSTRUMENS (les) aratoires d'agriculture, français et étrangers ou inventés par Boitard, ex-rédacteur principal de la société d'agronomie de Paris, etc. Beau vol. in-8, grand raisin, orné de 105 pl., plus de 1000 sujets bien gravés. 5 fr.

LEÇONS de littérature allemande, par Noël et Stoeber, trad. par De Rome, 2 forts vol. in-8 de 1300 pages petit-romain. 4 fr.

Nous connaissons bien mal et bien peu en France la littérature allemande. Les noms de trois ou quatre auteurs de cette nation sont seulement venus jusqu'à nous, et cependant sa littérature est une des plus riches, des plus variées. L'ouvrage que nous annonçons, et qui renferme des morceaux choisis d'une foule considérable d'écrivains célèbres en Allemagne, est indispensable tout à la fois à qui désire sortir de cette ignorance commune, et à qui recherche une attachante lecture.

LIGUE des nobles et des prêtres contre les peuples et les rois. 2 vol. in-8. 3 fr.

Cet ouvrage curieux, où les faits historiques sont rassemblés avec exactitude et présentés d'une manière piquante, avait été jugé digne des persécutions de la défunte censure, qui en a obstinément défendu l'annonce. La lutte de l'aristocratie contre les intérêts nationaux y répand un puissant intérêt.

LOIS de Platon, par Grou. 2 vol. in-8° grand papier. Portrait. 3 fr. — *Idem*, in-12. 2 fr.

MÉMOIRES sur l'impératrice Joséphine, ses contemporains, la cour de Navarre et la Malmaison; 2ᵉ édition, 3 vol. in-8 br. satinés, couv. imp. Au lieu de 22 fr. 7 fr.

Ces mémoires, tout à la fois historiques et intimes, sur un des personnages du Directoire, de l'Empire, dont le nom réveille les plus doux souvenirs, sont du petit nombre de ceux que l'histoire conservera. Cet ouvrage peut être considéré comme faisant le complément des *Mémoires de Mᵐᵉ la duchesse d'Abrantès*, et convient au même genre de lecteurs.

MÉMOIRES de Constant, valet de chambre de Napoléon. 6 vol. in-8. Au lieu de 42 fr. 12 fr.

MÉMORIAL pratique du Chimiste, Manufacturier; trad. de l'anglais de Mackensie sur la troisième édition. 3 vol. in-8, fig. 3 fr.

Ce livre est à la portée de tout le monde.

NOUVELLES leçons de littérature et de morale, pour faire suite à Noël et Laplace, par Berryat Saint-Prix. *Adopté par l'Université*. 2 forts vol. in-8. 9 fr.

NOVÆ Hollandiæ Plantarum specimen, auctore La Billardière. *Parisiis*, 1804 à 1806. 2 vol. grand in-4, br., ornés de 265 planches. Au lieu de 205 fr. 30 fr.

SERTUM Austro-Caledonicum, auctore La Billardière. 80 pl. *Parisiis*, 1824 à 1825, 2 parties, gr. in-4, br. 12 fr

OEUVRES complètes de L.-B. PICARD, de l'Institut, 11 vol. in-8, beau portrait, imprimé par Didot sur beau papier. 40 fr.

Le tome 11ᵉ du Théâtre républicain se vend séparément.

OEuvres de PIGAULT-LEBRUN, 30 forts vol. in-8, y compris le *Citateur* et le *Voyage dans le midi de la France*, imprimés sur beau papier, par Didot. Beau portrait. Ancien prix, 160 fr. 75 fr.

Chaque volume contient 4 volumes in-12.

OEuvres de WINCKELMANN, contenant l'histoire de l'art chez les anciens. Remarques sur l'Architecture et Recueil sur les Arts. 5 vol. in-8, ornés de 27 gravures. 12 fr.

Les trois derniers volumes se vendent séparément.

RECHERCHES sur les costumes, les mœurs, les usages religieux, civils et militaires des anciens peuples, par Maillot et P. Martin, 6 vol. in-4, y compris 3 vol. d'atlas de 288 planches impr. par Didot aîné, 1804. 30 fr.

RECUEIL de monumens antiques, inédits, avec

de la Vincelle, 3 v. in-4, dont un atlas de 40 planches, contenant plus de 400 sujets bien gravés, pour faire suite aux ouvrages de la Sauvagère, Milin et autres. Papier vélin. 36 fr.

— *Idem*, demi-reliure en un fort vol., dos de maroquin, et l'atlas colorié ou peint avec le plus grand soin, pap. vélin. 50 fr.

THÉORIE des sentimens moraux, ou Essai analytique sur les principes des jugemens que portent naturellement les hommes, par Adam Smith, traduit de l'anglais sur la 7ᵉ édition, par Mᵐᵉ Grouchy, marquise de Condorcet; deux forts vol. in-8. Paris, Barrois aîné, 1831; 2ᵉ édit., corrigée et augmentée. 3 fr.

Avant la réimpression de ce livre il se vendait 20 fr.

THÉORIE de la coupe des pierres, par Frezier; 4 vol. in-4, dont un de 114 planches. Au lieu de 75 fr. 15 fr.

Il n'est pas besoin de faire ressortir l'utilité d'un ouvrage que l'élévation de son prix empêchait seule de devenir le Manuel des architectes et des ouvriers qui travaillent la pierre.

TRAITÉ de la législation des théâtres, ou Exposé complet et méthodique des lois et de la jurisprudence qui ont rapport aux théâtres, etc., par MM. Vivien et Edmond Blanc; 1 vol. in-8 de 500 pages. Au lieu de 7 fr. 5 fr.

VIES des peintres flamands, allemands, et hollandais, par Decamps, ornés de 168 portraits du célèbre Fiquet, bonne édition. 1753. 5 vol. in-8, y compris le voyage de la Flandre et du Brabant, avec des notes de Rohn et l'itinéraire des coches d'eau, bateaux à vapeur et chemins de fer. 40 fr.

VOYAGE chez les Birmans, dans l'Inde et dans la Chine, ou testament de l'Usurpateur d'Alompra, 3 vol. in-8. 9 fr.

VOYAGE dans le midi de la France, par Millin. 5 très forts vol. in-8, et un bel atlas de 80 planches, imprim. impériale. 25 fr.

— *Le même*, papier vélin. Quelques figures coloriées. 35 fr.

VOYAGES PREMIER ET SECOND dans l'intérieur de l'Afrique par le cap de Bonne-Espérance, par F. Levaillant. 5 vol. in-8 et atlas de 43 planches. Au lieu de 48 fr. 15 fr

On vend séparément le deuxième Voyage. 2 vol. in-8, atlas de 23 planches, y compris la belle et grande carte d'Afrique. 9 fr.

La carte séparément, au lieu de 6 fr. 3 fr.

CABINET SECRET DU MUSÉE ROYAL DE NAPLES. 1 beau vol. in-4, grand raisin vélin, orné de 60 planches coloriées, représentant les peintures, bronzes et statues érotiques qui existent dans ce cabinet. Au lieu de 100 fr. 30 fr.

LE MÊME, fig. noires. 20

Idem, doubles fig. noires et coloriées, cart. à la Bradel, dos en percaline. 45 fr.

Idem, avec les deux collections de gravures sur papier de Chine parfaitement coloriées, demi-rel., dos en veau à nerf. 60 fr.

L'art ancien et l'art au moyen-âge ne se piquaient pas d'une pudeur bien chaste; les plus admirables chefs-d'œuvre sont souvent accompagnés de détails obscènes qui en rendent impossible l'exposition aux yeux de tous. Le cabinet secret du roi de Naples est la seule galerie au monde où l'on se soit proposé de réunir tous les chefs-d'œuvre impudiques. Le livre qui les reproduit est l'indispensable complément de toutes les collections de musées, et doit trouver place dans un coin secret de la bibliothèque de l'artiste comme de celle de l'amateur.

On trouve chez le même libraire toutes les pièces de théâtre anciennes et modernes, tous les livres nouveaux publiés à Paris, et une immense quantité de livres anciens et au rabais dont on distribue le

www.ingramcontent.com/pod-product-compliance
Lightning Source LLC
Chambersburg PA
CBHW070706050426
42451CB00008B/524